九寨沟

世界遗产地藏族村寨预防性保护研究

刘弘涛 史斌

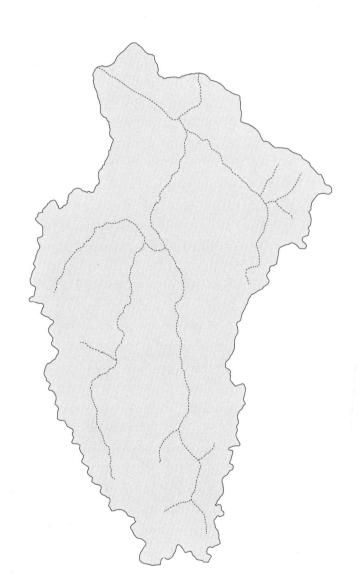

中国建筑工业出版社

图书在版编目（CIP）数据

九寨沟世界遗产地藏族村寨预防性保护研究 / 刘弘涛，史斌著 . —北京：中国建筑工业出版社，2021.12
ISBN 978-7-112-26999-0

Ⅰ.①九… Ⅱ.①刘…②史… Ⅲ.①藏族—居住区—保护—研究—九寨沟县 Ⅳ.①K281.4

中国版本图书馆CIP数据核字（2021）第276061号

责任编辑：唐　旭
文字编辑：陈　畅
版式设计：锋尚设计
责任校对：芦欣甜

九寨沟世界遗产地藏族村寨预防性保护研究
刘弘涛　史　斌　著

*
中国建筑工业出版社出版、发行（北京海淀三里河路9号）
各地新华书店、建筑书店经销
北京锋尚制版有限公司制版
北京中科印刷有限公司印刷
*

开本：787毫米×1092毫米　1/16　印张：10　字数：153千字
2021年10月第一版　2021年10月第一次印刷
定价：**56.00**元
ISBN 978-7-112-26999-0
（38667）

版权所有　翻印必究
如有印装质量问题，可寄本社图书出版中心退换
（邮政编码100037）

该课题得到
国家重点研发计划"不可移动文物自然灾害风险评估与应急处置研究"项目（No.2019YFC1520800）、四川省科技厅重点研发项目"川西民族地区传统村寨自然灾害风险评估与预警体系研究"（No.2021YFS0367），中国文物保护基金会科技保护专项基金"九寨沟景区藏族村寨建筑遗产风险管理体系研究"的支持

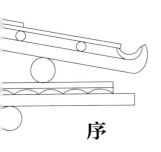

序

　　爱因斯坦说:"自然界最不可理解的事情是,自然界是可以被理解的。"大自然是神奇的存在,顺昌逆亡是其亘古不变的铁律。千百年来,为趋利避害,我国古代就有灾害预防的思想。《左传·襄公·襄公九年》载有:"乐喜为司城以为政。使伯氏司里,火所未至,彻小屋,涂大屋;陈畚挶具绠缶,备水器;量轻重,蓄水潦,积土涂;巡丈城,缮守备,表火道。"人类从最早认识自然规律使用的观察法,到近代具有机械论特征的对比法,再到现代揭示自然本质的科学方法,人们对客观世界的认知和对自然规律的同步追求从未停止。自然规律不能被人改变,但却可以为人所用。通过调整人与自然的关系,探索人与自然和谐相处的可持续发展路径,掌握自然规律在特定时段发生的必然性,就能实现和发挥以客观规律为基础的人的主观能动性。

　　灾害预防对文化遗产保护工作而言,就是未雨绸缪,对即将发生的灾害事件尽早作出干预,最大限度地减轻可能造成的不利影响。"预防性保护"源自"Preventive conservation"的直译,最初应用于馆藏文物的保护,至20世纪90年代,预防性保护的工作开始由馆藏文物拓展到建筑遗产领域,而村寨预防性保护研究处于前期探索阶段。2017年8月8日,四川省阿坝藏族羌族自治州九寨沟县发生里氏7.0级地震,造成九寨沟世界遗产地中的藏族村寨不同程度受损,地震及次生灾害扰动后的村寨亟需进行保护修复和开展具有前瞻性的预防性研究。

　　近年来,西南交通大学世界遗产国际研究中心刘弘涛老师的团队先后参与承担了国家重点研发计划"不可移动文物自然灾害风险评估与应急处置研究"、"四川省科技厅重点研发项目等多项文化遗产灾害风险研究"工作。通过九寨沟景区中较为典型的树正寨灾害风险状况调查，围绕价值认知、灾害风险识别与评估以及开展保护利用理念与实践的研究，完成该本专著。

  本书讲述了九寨沟遗产地的村寨历史、社会、文化等多方面内容，对世界自然遗产地的村寨价值进行了评估，科学提出了村寨预防性保护的思路体系、实施框架，系统总结了灾害风险监测、规划设计、防灾工程措施在村寨保护行动的具体内容。最后，对村寨预防性保护实践中的问题进行了反思，并提出了应用展望。九寨沟遗产地藏族村寨的预防性保护是预防性保护理念在民族村寨的一次实践尝试，是国内世界自然遗产地震后恢复重建诸多探索研究的重要补充，为我国传统村寨的保护策略制定与方法选择提供参考，对国内外世界自然遗产地中的社区灾害风险管理具有借鉴意义。

乔云飞

2021年7月

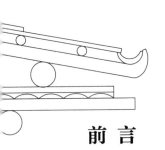

前言

在全球气候变化的背景下，极端天气和大型自然灾害频发成为常态。特别是近20年的地震、洪水、台风等大型自然灾害，给国民经济、人民生命财产造成了不可估量的损失。气候变化更对各类文化遗产可能造成不可逆转的损毁。

自2008年汶川8.0级大地震后，我开始参与历史文化街区的灾后调研与恢复重建工作，逐渐开始关注文化遗产灾害预防的问题。2009年开始，我到日本筑波大学世界遗产学院师从上北恭史教授攻读博士课程，从事文化遗产防灾的专门研究。期间遇到了日本2011年的东北大地震；2013年博士毕业回国后又参与了四川雅安地震的灾后重建；2015年尼泊尔地震后去了加德满都参加文化遗产的灾后调查。前面数年的经历让我深切认识到文化遗产灾害预防的重要性。

正当我们认为关于文化遗产应对地震灾害预防的研究工作可以告一段落时，2017年8月四川九寨沟再次发生7.0级地震，震后第一时间我们进入受灾核心地区开展灾后受损调研。随后，申请得到多项研究课题支持，针对地震后世界自然遗产地九寨沟内的藏族村寨开展预防性保护的研究与实践。现在看到的书稿是在我们的研究工作报告基础上进一步完善形成的。

本书是基于预防性保护理念，针对世界遗产地的村寨进行的预防性保护研究实践工作的记录。其方法和内容能够直接运用于村寨保护中的监测、防灾规划、工程防灾等具体实践工作。对我国传统村落、不可移动文物、世界遗产地等价值对象的保护中具有直接的借鉴意义，对我国乡村、城市的防灾减灾，也具有启示作用。

非常感谢九寨沟风景名胜区管理局对本课题的顺利开展给予的大力支持；感谢上海建为历保科技股份有限公司在研究过程中提供的技术与设备支持；感谢成都理工学院东方岩土工程勘察公司提供了大量的前期基础工作内容，感谢中国文物保护基金会詹长法先生的耐心指导，以便我们能站在前人的肩膀上继续探索。最后，感谢西南交通大学世界遗产国际研究中心的师生们在该研究开展的几年时间里共同付出的不懈努力。

因成书的时间仓促且能力有限，书稿中存在的不足请各位同行批评指正。期待在我们的共同努力下做好文化遗产的保护工作。

刘弘涛
2021年8月

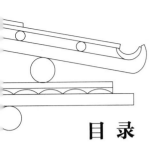

目 录

1 绪论

1.1 研究背景 … 002
1.2 研究问题 … 005
1.3 研究内容及框架 … 006
1.4 研究目的与意义 … 007

2 九寨沟世界自然遗产地概况

2.1 历史脉络 … 010
2.2 自然环境 … 012
2.3 地域人文 … 020

3 遗产价值与藏族村寨

3.1 遗产价值认识 … 036
3.2 藏族村寨的价值 … 038
3.3 藏族村寨与自然遗产的价值关系 … 048

灾害与受灾基础调查

4.1 村寨致灾因子及分布 … 052

4.2 村寨受损调查方法及内容 … 061

4.3 村寨受损现场调查及分级 … 064

村寨灾害风险评价

5.1 村寨风险评价方法 … 076

5.2 村寨致灾因子危险性 … 079

5.3 村寨脆弱性 … 080

5.4 村寨环境敏感性 … 083

5.5 村寨灾害风险评价流程 … 083

5.6 村寨灾害风险评价实例——树正寨 … 085

村寨预防性保护框架

6.1 村寨预防性保护的概念阐释 … 096

6.2 村寨预防性保护对象 … 099

6.3 村寨预防性保护实施框架 … 099

6.4 村寨预防性保护方法 … 101

村寨灾害风险监测预防

7.1 村寨风险监测体系 … 104
7.2 村寨风险监测方法 … 104
7.3 村寨风险监测实践 … 113
7.4 村寨监测预防中的问题 … 118

村寨灾害风险规划预防

8.1 村寨防灾减灾规划 … 121
8.2 村寨规划预防中的问题 … 126

村寨灾害风险工程预防

9.1 村寨防灾工程设施规划 … 130
9.2 村寨工程预防中的问题 … 136

九寨沟藏族村寨预防性保护中的问题总结与展望

10.1 预防性保护实践中的问题 … 142
10.2 预防性保护方法的关联性 … 144
10.3 预防性保护的应用展望 … 145

参考文献 … 147

1 绪论

1.1 研究背景

1）世界遗产灾害风险形势严峻

世界遗产是列入联合国教科文组织《世界遗产名录》的具有突出普遍价值的自然区域和文化遗存。至2020年，全球拥有世界遗产1121项，自然遗产213项，自然与文化双遗产39项。2020年11月，世界自然保护联盟（International Union for Conservation of Nature，IUCN）发布《IUCN世界遗产展望3》，指出气候变化是世界自然遗产地的关键威胁，并且受其影响的遗产地数量呈增加趋势。气候变化增加了自然灾害的突发性、频发性，灾害对遗产地的影响逐步加剧，遗产地防灾减灾与保护利用研究逐步兴起。遗产地范围内的村寨即是自然遗产地重要的组成部分，在灾害扰动下具有空间发展的需求及能动性，成为遗产保护、灾害学等多个领域关注的对象。

至2020年，我国已成功申报世界遗产55项，位居世界第一，其中自然遗产14项，自然与文化双遗产4项，囊括了自然遗产、双遗产和文化景观等以自然特征为基础的全部遗产类型，是拥有世界自然遗产数量最多的国家。同时，我国是世界上自然灾害最为严重的国家之一。经统计，在我国18项自然遗产地中，有13项（占比72%）遗产地核心保护区范围内散布有村落，与《中国崩塌滑坡泥石流易发程度图》（2016年6月）进行叠合，有12项自然遗产地中的村落位于地质灾害高、中的易发区。由此，我国广泛分布在山地、丘陵地域的自然遗产地面临地震、地质灾害、暴雨洪涝等自然灾害的威胁，灾害风险程度高。受灾害威胁，遗产地村落亟需作出科学合理的应对，村落发展与遗产价值保护的潜在矛盾性被激化，形势紧迫。

2）"8·8"九寨沟地震灾后恢复与绿色发展

2017年8月8日21时19分在四川省阿坝藏族羌族自治州九寨沟县（北

纬33.2度、东经103.8度）发生7.0级地震，震源深度20公里。此次地震造成25人死亡，525人受伤，19768户176492人（含游客）受灾，73671间房屋不同程度受损。地震震中位于九寨沟世界自然遗产地（以下简称"遗产地"）范围内的比芒村，波及四川、甘肃两省4个市（州）8个县，该区域是长江黄河上游重要生态屏障和水源涵养地，自然保护地分布集中，特别是世界自然遗产地遭受地震破坏在国内尚属首例。遗产地内的自然景观、基础设施、游客服务设施、村寨建筑等遭受不同程度的破坏、损毁。2018年，遗产地又遭受"6·25""7·10"山洪泥石流灾害，造成部分灾后重建项目严重损失或停工。

地震发生后，党中央、国务院高度重视，习近平总书记作出重要指示，中央、国家有关部委，省、市、地方迅速响应。2017年8月28日，四川省"8·8"九寨沟地震灾后恢复重建委员会成立。2017年11月7日，四川省人民政府正式印发《"8·8"九寨沟地震灾后恢复重建总体规划》（川府发〔2017〕56号）、《四川省人民政府关于支持"8·8"九寨沟地震灾后恢复重建政策措施的意见》（川府发〔2017〕57号）。2017年12月8日，四川省第十一届委员会第二次全体会议通过指导恢复重建的纲领性文件——《中共四川省委关于推进九寨沟地震灾区科学重建绿色发展，加快建设美丽新九寨的决定》（以下简称《决定》）。

《决定》确立尊重自然、生态优先，以人为本、改善民生，底线思维、保证安全，因地制宜、科学重建，创新机制、强化保障的基本原则，部署了科学推进生态环境修复保护、全面推进地质灾害防治、持续推进景区恢复提升和产业发展、加快推进城乡住房及配套设施恢复重建、扎实推进基础设施和公共服务五大重建重点任务。其中生态环境的科学修复保护、地质灾害防治作为前两项重点任务，充分体现出此次灾后重建的重大不同。如何保护和维护好遗产地的原真性、完整性及突出的普遍价值，如何建立地质灾害防治生命工程，是此次遗产地地震灾后重建的关键思考。与《决定》公布同日，四川省人民政府办公厅正式印发《关于印发"8·8"九寨沟地震灾后恢复重建5个专项实施方案的通知》（川办发〔2017〕101号），在"景区恢复与产业发展专项实施方案"中提出在灾后地质隐患排查与风险评估、资源环境承载力评价基础上开展村寨住宅重建、加固维修的任务，强化社区监测及对遗产地自然美景威胁因素的识别和控制研究。

3）遗产与预防性保护

我国早期就有"防微杜渐""凡事预则立，不预则废"思想认识。近现代预防性保护思想源于"艺术品"的修复工作，于1930年在罗马国际文物保护会议上提出[1]。2015年《中国文物古迹保护准则》认为，预防性保护是指通过防护和加固的技术措施和相应的管理措施减少灾害发生的可能、灾害对文物古迹造成损害以及灾后需要采取的修复措施的强度。当代预防性保护实践的源头一般认为是1973年荷兰成立"文物古迹监护"专业机构及1976年意大利翁布里亚（Umbria）开展的规划式保护试点项目[2]，随之逐步发展形成了文物本体监测、灾害风险预防两条预防性保护主线。建筑遗产预防性保护涵盖灾害风险监测评估、灾前灾后处置、日常监测与修缮、信息管理等多项内容[3]。国际社会已开展"国家遗产风险地图研究""古迹损毁诊断系统""遗产监测系统""历史/遗产建筑信息模型"等更具针对性的预防性保护研究。当前，国内机构在宁波保国寺、应县木塔、苏州虎丘塔、苏州古典园林、敦煌莫高窟、京杭运河、澳门圣母雪地殿、鼓浪屿等地开展的灾害风险监测保护工作为预防性保护研究积累了经验。我国已开展的预防性保护相关研究，主要是适应于世界遗产地保护监测要求或对重点区域、文物保护单位的保护需要，对于国内大量城镇、村落遗产的预防性保护研究还处于起步探索阶段。

九寨沟内的传统村寨是"文化景观"视角下的重要遗产资源。村寨

---

[1] 詹长法. 预防性保护问题面面观[J]. 国际博物馆（中文版），2009（3）：96-99.

[2] 戎卿文. 国际建筑遗产预防性保护学术网络的生成与进展——欧洲践行者的足迹[J]. 自然与文化遗产研究，2020，5（1）：88-103.

[3] 吴美萍. 欧洲视野下建筑遗产预防性保护的理论发展和实践概述[J]. 中国文化遗产，2020（2）：59-78.

内有以阿梢垴遗址为代表的历史文化，以民间故事和"夏莫"舞蹈为代表的原真原生的民俗文化，以苯教、佛教文化主导的自然崇拜的宗教信仰，是地方文化历史中不可缺少、不可替代的精神财富。村寨与山水溪池、森林植被等自然要素共同构成了遗产地整体，成为自然遗产地完整性、真实性不可或缺的组成部分，具有世界、国家、地方等多重价值。受地震及次生灾害威胁的遗产地村寨，迫切需要采取预防性措施进行村寨、历史环境与自然生态环境的共同保护。

综上所述，在科学重建、绿色发展思想指导下，系统开展九寨沟世界遗产地传统村寨的灾害风险监测、预防性保护研究，是"8·8"九寨沟地震灾后恢复重建专项任务的重要组成部分，是预防性保护理念在民族村寨的一次实践尝试，是国内世界自然遗产地震后恢复重建诸多探索研究的重要补充，为我国传统村寨的保护策略制定与方法选择提供参考，对国内外世界自然遗产地中的社区灾害风险预防具有借鉴意义。

1.2 研究问题

受地震及次生灾害风险威胁，九寨沟遗产地村寨建筑出现倒塌、倾斜、裂缝等损坏现象，面临灾后恢复重建及发展路径的选择问题。汶川地震灾后村庄重建的经验是否适宜，传统村寨保护规划或防灾减灾规划是否适应，村寨保护方案与灾害风险的关系怎样，村落灾后恢复重建对遗产地会产生怎样的影响，预防性保护方案如何制定等问题需要解决。追根溯源，价值是遗产保护的基础，认识村寨价值是解决问题的出发点。因此，遗产地村寨价值认识与构成是本课题研究的重点内容之一。村寨价值因受到风险威胁而具有保护的需要，灾害风险对村寨价值会产生怎样的影响。滑坡、泥石流等常见地质灾害对村寨的影响范围、程度等内容，是遗产地村寨保护方案制定的依据之一。村寨预防性保护内容、与传统保护规划的差异、预防性保护策略怎样实施，也是本研究需要回答并给予解决方案的重点内容。

1.3 研究内容及框架

研究以九寨沟世界自然遗产地中的村寨价值认识为基础,分析环境灾害对村寨的影响及特点,综合评估灾害风险,建立村寨价值维护与灾害风险预防的保护框架。

1)研究内容

(1)九寨沟世界自然遗产地中的村寨价值研究

从村寨地理环境、建筑景观、历史演变、宗教人文等方面,分析村寨所具有的历史价值、艺术价值、科学价值、社会价值和文化价值等。基于九寨沟世界自然遗产地的突出普遍价值认识,从遗产保护的真实性、完整性出发,分析遗产地村寨与自然遗产地价值之间的相关性,探索遗产地村寨价值的关联体系,建构清晰的遗产地村寨价值构成层级与要素。

(2)九寨沟世界自然遗产地中的村寨灾害风险评价研究

分析遗产地村寨所面临的致灾因子类型及受灾过程,对灾害风险进行归类,对风险事件及其后果实施全面的定性、定量识别,明确灾害风险性评价对象、风险控制范围及分析尺度;分析致灾因子危险性(致灾因素发生的可能性及损害后果)并进行区划;根据村寨受损统计、建筑结构评估等数据,分析村寨脆弱性;建立灾害评估数学模型,对灾害风险量化分析,确立灾害风险可接受阀值并划分风险等级,绘制村寨灾害风险时空分布图。

(3)九寨沟世界自然遗产地中的村寨预防性保护应用研究

梳理文物、建筑遗产等领域的预防性保护研究进展,提出村寨预防性保护的策略方法;结合村寨风险与本体监测、规划预防、工程预防等已开展的实践,总结村寨预防性保护相关方法在实践应用中的问题,提出各类灾害风险预防方法的协同方式,修正村寨预防性保护框架及内容。

2）技术框架

研究技术框架如图1-1所示。

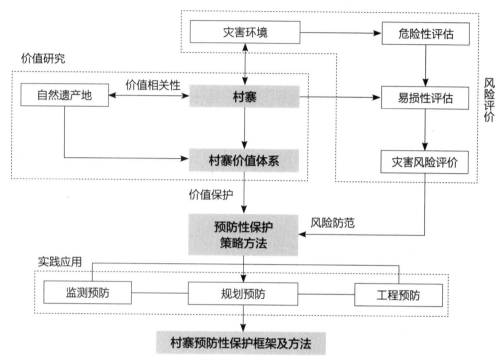

图1-1 研究技术框架图
图片来源：作者自绘

1.4 研究目的与意义

1）研究目的

本研究深度贯彻国家、省、市关于"8·8"九寨沟地震灾后科学重建、绿色发展的指示精神，研究世界遗产地中传统村寨保护的科学方法，基于村寨价值认识，建构适用于传统村寨保护与利用的预防性保护监测体系、风险评估方法及实施方案，提高村寨预防性保护水平与应变能力，维持遗产地自然与文化价值。研究成果可为遗产地管理者进行村落保护与利用、灾害风险评估、遗产地保护监测等实际工作提供经验借鉴，为村落及遗产保护科研工作者提供预防性保护实践案例及应用参考，为遗产地居民及游客提供村寨价值认识及灾害风险知识。

2）研究意义

研究成果将为世界自然遗产地村寨防灾减灾、风险管理、保护利用规划提供可供学习的实践案例经验，拓展预防性保护理念在村落保护与利用领域的应用知识体系，丰富预防性保护实践中的监测、规划及工程策略。研究也将为建筑、村落、城镇等遗产提供可持续有效管理的做法经验，丰富遗产保护理论及方法，扩展遗产灾害风险管理技术的应用领域，为各类具有遗产价值对象的保护与利用提供有益参考。

2

九寨沟世界自然遗产地概况

2.1 历史脉络

历史上的九寨沟一直是当地藏民的聚居之地,拥有十分丰富的自然资源,在成为世界自然遗产地的过程中,九寨沟经历了以下几个阶段(图2-1):

1)自然发展

九寨沟内藏族由于交通、民族领地意识等原因,与外界交流甚少。沟内藏族人信仰苯教,形成与自然相依存的局面,这种平衡状态已达上千年,直到中华人民共和国成立后,国家对此地域进行自然资源的开采才逐渐为世人所知。

2)自然保护区

九寨沟自然遗产地自中华人民共和国成立后逐渐对外开放,由于历史原因,20世纪70年代,南坪林业局(省属森工局)修通林区公路,修建124和126林场,在这一时期九寨沟内自然环境遭受重创。经专家各方呼吁,1978年12月九寨沟被确立为自然保护区,国务院决定停止森工采伐,并于1979年设立九寨沟自然保护区管理所,1983年建立了四川南坪

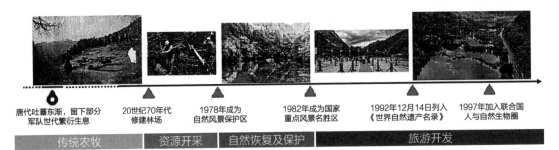

图2-1 遗产地历史脉络
资料来源:作者自绘

九寨沟自然保护区管理处，九寨沟最终得以保存。[1]

3）国家风景名胜区

1984年九寨沟景区对外开放，九寨沟风景名胜区管理局成立，随着景区的发展和自然保护的推进，九寨沟逐渐摒弃了以往的传统农牧生产生活方式，转向以旅游业为主的产业发展。正式对外开放到现在的30多年中，沟内居民逐渐景区和保护区的经营与保护中，使遗产地与当地居民生产生活再次达到一种相对平衡的状态（图2-2）。[2]

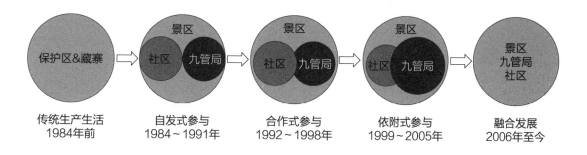

图2-2 九寨沟不同参与模式下管理局、社区与景区关系的演化

资料来源：作者自绘

4）世界自然遗产地

1992年，在联合国教科文组织世界自然遗产委员会全委会第16届大会表决中，九寨沟以其非凡的自然美景、高度多样化的森林生态系统征服各位评审委员，成为世界自然遗产地。成为世界遗产地后的九寨沟享誉世界，旅游业进一步发展，对遗产地自然保护愈加重视，陆续颁布了《四川省世界遗产保护条例》《四川省阿坝州世界遗产保护条例实施条例》等法律条例，为九寨沟的长期管理和保护提供了保障。

---

1 九寨沟民俗文化村志领导小组. 九寨沟民俗文化村志[M]. 成都：电子科技大学出版社，2004：134-140.
2 田世政，杨桂华. 社区参与的自然遗产型景区旅游发展模式——以九寨沟为案例的研究及建议[J]. 经济管理，2012，34（2）：107-117.

5）联合国人与生物圈计划

1997年，被联合国人与自然生物圈组织正式接纳为该组织成员，成为联合国教科文组织发起的关于人与环境关系全球性科学计划的内容之一。"人与生物圈计划"（Man and the Biosphere Programme，MAB），是联合国教科文组织于1971年在面对全球日益严峻的人口、资源、环境危机发起的一项政府间的科学计划，目的在于整合自然科学和社会科学的力量，合理及可持续地利用和保护全球生物圈资源，增进人类及其生存环境之间的全方位的关系。九寨沟内不仅有多样复杂的自然生态系统，同时也有长期存在的九个藏族村寨，是国际上研究人与环境关系的重要案例（图2-3、图2-4）。

2006年，九寨沟世界遗产管理局成立，下设自然保护部、多学科科学部、规划建设部、驻地管理处等21个部门。制定并实施的《九寨沟风景名胜区总体规划》为九寨沟国家公园的保护和管理提供了一个框架，包括对水资源、生物多样性、森林病虫害、天气和气候的详细监测，对生物多样性、传统文化的保护和加强旅游业发展的环境。此外，遗产地不断加强与国内外大学、研究机构合作，领域包括九寨沟凝灰岩矿床的演化、空气和水质、考古学、恢复林地和生物多样性以及人类与景观的相互作用。这些研究项目最终构成新的管理政策的基础，九寨沟的保护与利用进入一个新的阶段。

2.2 自然环境

1）气候

九寨沟位于岷山山脉南段，地理坐标东经（E）100°30′~104°27′，北纬（N）30°35′~34°19′，地处我国北亚热带秦巴湿润区和青藏高原波密川西湿润区过渡带。其东有龙门山阻碍，来自太平洋的暖湿气流多在

2 九寨沟世界自然遗产地概况

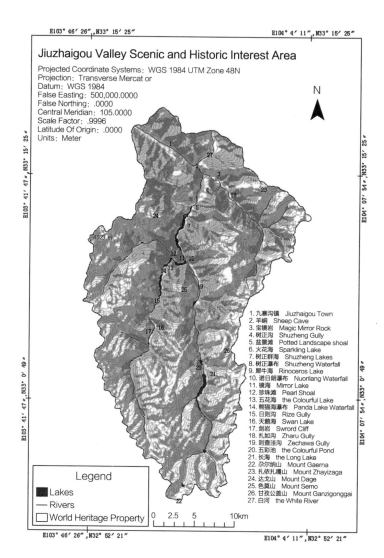

图2-3 遗产地域范围

图片来源：教科文组织世界遗产委员会官网

https://whc.unesco.org/en/list/637/

图2-4 九寨沟人与生物圈

图片来源：人与生物圈国家委员会官网

http://www.mab.cas.cn/zgsjswqbhq/cyzl/

龙门山东坡降落，使九寨沟地区降雨偏少。但由于其北有秦岭山脉屏护，冬季蒙古冷高压寒流的影响也被大大削弱。由于受高原季风和热带海洋季风影响，九寨沟气候别具一格，形成了具有季风特色的高原温带、寒温带甚至亚热带气候。

景区内平均气温春季在9～18℃之间，夏季在19～22℃之间，秋季在7～18℃之间，冬半年受干冷空气控制多偏北风，气候寒冷、干燥、降水少。九寨沟处在"松潘低压"东侧，高原沼泽草地处于其上方，冬春成为川西北高原相对湿润地区。夏半年一方面由于青藏高原季风热低压的建立，另一方面由于川西北山地对东南季风的地形抬升，而形成了多偏南风，气候温和湿润，降水丰富的特点（图2-5）。

2）地形地貌

九寨沟地处青藏高原之东北部，是青藏高原向四川盆地陡跌的两大地貌单位的过渡地带，强烈的新构造运动使地壳发生急剧变化，山体在快速的不均衡隆起过程中，河流侵蚀作用强烈形成了沟壑纵横的山地地貌，属高山深谷类型，包含有高山山地地貌、坡地地貌和谷地地貌，区域内的沟谷南北流向，由树正、日则和则查洼三沟组成，呈"人"字形分布。

九寨沟地势整体南高北低，南北海拔高差达2500米以上，北缘沟口海拔仅2000米，中部峰岭均在4000米以上，南缘达4700米以上。较大的海拔差距使九寨沟地貌景观呈垂直分布，海拔3500米以上山地高山寒冻

图2-5 九寨沟高原温带气候景观
图片来源：作者自摄

风化作用盛行，冰缘地貌发育，主要有角峰、刃脊、流石滩、寒冻风化蚀余石柱等地貌类型；海拔3500米以下的山地，流水下蚀，形成许多峡谷，两坡则为悬崖峭壁，危石累累，峡谷陡崖地貌发育，溶蚀漏斗、溶蚀洼地（溶蚀湖）及钙华沉积产生的喀斯特地貌，形成了奇特的地貌景观。这些丰富的地貌景观，奠定了现在九寨沟独特多样地貌的骨架和形成的物质基础（图2-6）。[1]

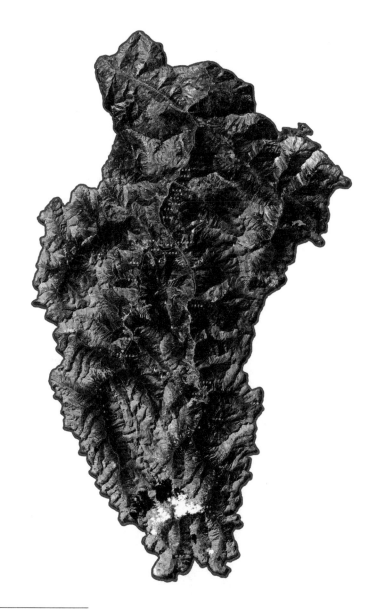

图2-6 遗产地高程分析
图片来源：四川九寨沟国家地质公园规划（2011—2020）

---

1 张善云，黄天鹗. 九寨沟志[M]. 成都：四川民族出版社，1990：27-29.

3）山

九寨沟位于岷山山脉东南的万山丛中，流域源头分水山地，最高达到4700多米。山地54.6%以上的面积位于森林线之上，它们基岩裸露，冬季积雪，由于受寒冻风化和喀斯特化作用，山岭嵯峨峥嵘。山景主要有长海东南侧山地干孜公盖山（4558米），芳草海、天鹅海东侧山地沃斯喀雄山（4192米），沃洛色莫山（4136米）、扎如沟内的扎依扎嘎山（4400米）——当地传说为万山之祖；沟口宝镜岩等大小15处，这些山景造就了九寨沟高山峡谷的地势和独特地貌（图2-7）。

4）水

九寨沟发源于岷山山脉朵尔纳峰，位于长江水系嘉陵江西源，白龙江右支白水江上游的一条支流。流域面积为650.58平方公里，水系密度约0.2公里/平方公里。主沟南北向，纵深约30公里，逆沟向上约15公里处分叉为日则和则查洼沟，平面呈"人"字形展布格局（图2-8）。

河谷以串珠状湖泊顺沟排列为主要特征，支流多在主支流汇合处转为伏流，则查洼沟为一干沟，无地表径流。因流域内湖泊众多，地下潜流系统发育，径流调节作用较强，故洪枯水位变率较小。由于植被对地面的保护，水土流失不严重，流水清澈透明，与众多山景构成了现在独一无二的山水格局（图2-9）。

图2-7 九寨沟遗产地山景
图片来源：作者自摄

2 九寨沟世界自然遗产地概况

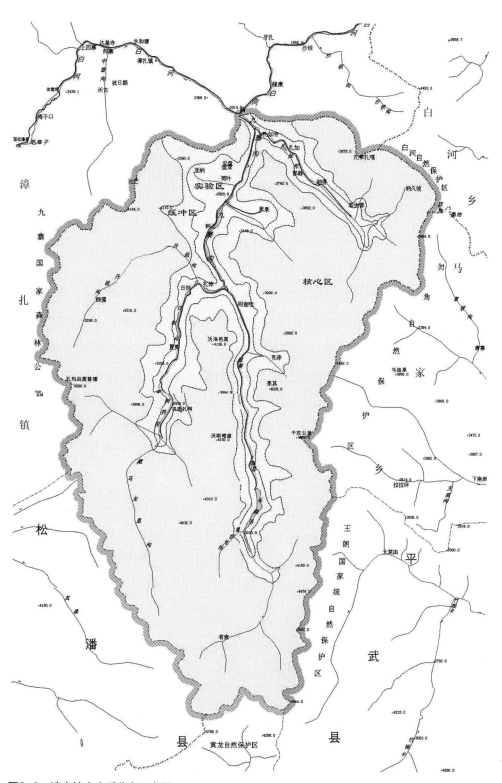

图2-8 遗产地内水系分布示意图
图片来源:《四川九寨沟国家级自然保护区总体规划(2006—2015)》

图2-9 遗产地水系
图片来源：作者自摄

5）湖

九寨沟湖泊众多，据统计景区内有114个海子，集中于日则沟和树正沟，湖泊面积差异较大，长海面积达928440平方米，而小者仅数平方米。九寨湖泊在分布上还具有密集出现的特点，称"群海"。"群海"多与瀑布伴生，如树正、诺日朗景区都较典型，其中瀑布17个（其中干瀑布5个），滩5个，激流11处，泉水47处。丰富的水资源为九寨沟提供了丰富的水文景观（图2-10）。

6）林

沟内纵横约60000公顷，有天然林22000余公顷，活立木储量500余万立方米，森林茂密，古木参天。受海拔和气候影响植被垂直分布有五个层级，种类繁多，包括高山寒冻植被带，由寒冻荒漠稀疏植被构成，

图2-10 遗产地内湖泊
图片来源：作者自摄

一般分布于海拔4300~5000米的高山；高山灌丛、草甸带：分布于海拔3800~4300米，在森林带以上，由低矮、耐寒、耐旱的木本及草本植物所组成的灌丛、草甸类型；亚高山暗针叶林带，分布于2800~3800米的高山山坡和山原谷坡或沟头地区；中山针叶阔叶混交林带，分布于海拔2000~2800米，阳坡可至2400米地区；落叶阔叶林带，九寨沟口海拔在2100米以下。丰富的林地资源对于涵养水源，调节气候，保持水土和美化环境等方面都起到了重要作用（图2-11、图2-12）。

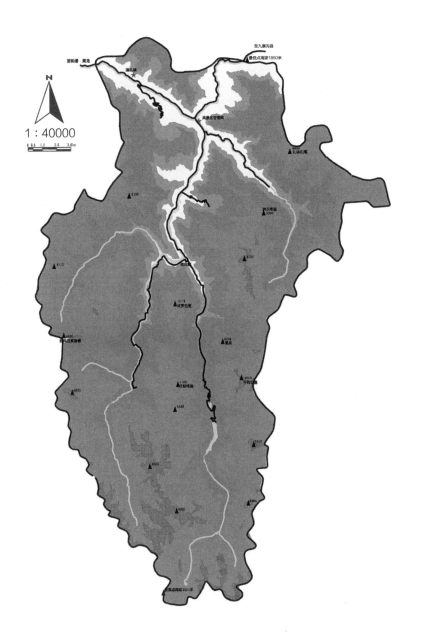

图2-11 遗产地海拔及植被类型分布

图片来源：《九寨沟风景名胜区总体规划》

图2-12 遗产地内森林
图片来源：作者自摄

2.3 地域人文

1）起源

九寨沟世界自然遗产地位于四川省阿坝藏族羌族自治州九寨沟县漳扎镇境内，是白水沟上游白河的支沟，因区域内分布有九个自然村寨而得名。

九寨沟县原为南坪县，古称羊峒，分上中下羊峒。九寨沟属中羊峒，又称和约九寨和翠海，《松潘县志》卷一山川载："翠海：县东北一百余里，中羊峒番部内，海狭长数里，水光浮翠，倒映林岚，故名。"南坪自殷商、西周、春秋、战国至秦（约公元前16世纪至前206年）均属氐羌地。《史记·西南夷列传》第五十六记载："自冉驼以东北，君长以什数，白马最大，皆氐类也。"《后汉书》云："冉咙其山有六夷、七羌、九氐，各有部落也。"冉咙即今茂县，氐在它的东北，包括南坪地区在内。《尚书·禹贡》说禹分中国为九州，南坪属梁州境内的西北部（图2-13）。

唐代吐蕃王朝东征，其中未召回的部落军队，他们世代定居下来，成了安多藏族的一部分，九寨沟内藏族村寨（九寨沟因九个寨子而得名）正源于此时期。历史上九寨沟九个寨为一个部落，即药九寨（和

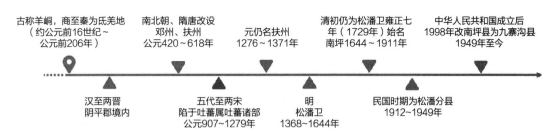

图2-13 九寨沟历史沿革
图片来源：作者自绘

药、则查洼、尖盘、盘亚、亚纳、彭布、盘信、黑果坝、布亚），其中一个寨是现在沟外的彭布寨，九寨沟内只有八个寨。[1]

九寨沟村寨藏族源流：藏族至今自称"博"，习惯上，人们把西藏的藏族称为"博巴"，把居住在川西一带的藏族称为"康巴"，居住在川西北、甘肃、青海一带的藏族称为"安多哇"，把马尔康、大小金一带的藏族称为"甲戎哇"，松潘、南坪（现九寨沟）、求吉、包座一带的藏族自称"贝"。九寨沟从何时有藏族，又来自哪里，当地史籍并未记载，然而，从本地藏族的传说和一些专家学者的论著看，应当是来自西藏、甘、青一带。

原西北大学教授黄奋生认为，初唐时期，唐蕃之间战争的焦点是在青海、四川、甘肃、西康的毗连地带。这时吐蕃出兵的路线，可分为北线、中线、南线三条军事要道。中线大抵出黑河经玉树至阿坝，东南趋维州（理县）军事要地，东向以达松潘草地，东北趋甘肃文县地区及洮河流域[2]。曾文琼在《略论"达布人"的族属问题》一文中曾述："吐蕃把从西藏带来的部队，抽出部分留驻在被征服的地方。"其中从西藏东征而来的达布和工布两个部落军队，驻守在今天的南坪（今九寨沟）、平武、松潘一带地区[3]。藏族学者毛尔盖桑木旦提到："据藏文历史资料

---

1 九寨沟民俗文化村志领导小组. 九寨沟民俗文化村志[M]. 成都：电子科技大学出版社，2004.
2 黄奋生. 藏族史略[M]. 北京：民族出版社，1989：84-85.
3 曾文琼. 略论"达布人"的族属问题[J]. 西南师范大学学报（人文社会科学版），1980（3）：86-91.

《多美宗教源流》记载，松赞干布时代，藏汉打仗比较多，一次松赞干布派来了二十万军队，到达今天的阿坝地区，占领南坪一带的部队叫工布，占领松潘、平武一带的部队叫达布。驻守在这些地区的达布人和工布人，吐蕃王朝不准返回西藏，于是他们就世世代代定居下来""从西藏堆地（阿里）夏尔巴来的士兵们住在岷江一带（松潘岷江），就是今天松潘的藏族，至今他们还自称为夏尔巴人。"

另外，九寨沟藏族的宗教僧人都以去西藏朝佛为终身的一大愿望，他们说，去西藏的目的一是为了朝拜藏传佛教的发源地，二是去看祖籍，因此，南坪的藏族当是来自西藏、甘青一带。[1]

2）村寨分布及现状

遗产地内地势南高北低，白河自西向东从九寨沟北部流过，则查洼沟、日则沟从南向北汇于诺日朗，北部的树正沟与扎如沟相交后向北汇入白河。河谷之中现散布着荷叶、盘亚、亚纳、尖盘、黑角、树正、则查洼、扎如、郭都九个藏族村寨以及一些废弃的小寨。目前九寨沟沟内有三个社区：树正（包括树正、则渣洼、黑角）、荷叶（包括荷叶、盘亚、亚拉）、扎如（包括尖盘、热西、郭都）。荷叶寨是由位于山坡较高处的尖盘、盘亚、沃诺（老荷叶）三寨的居民搬迁后形成；树正寨在其现在的位置发展而来，并加入了由黑角寨搬迁而来的居民；则查洼寨是在原来老寨的基础上向北延伸了较大面积。现状扎如寨原名为热西寨，后来加入了由郭都寨搬迁而来的居民。新荷叶寨是由位于山坡较高处的尖盘、盘亚、沃诺（老荷叶）三寨的居民搬迁后形成。目前新荷叶寨、树正寨、则查洼寨以及扎如寨已经发展成为沟内最大的四个村寨，居住着沟内90%以上的居民（表2-1）。

沟内藏民过去以农耕为主，过着自给自足的生活，成立自然遗产地

---

1 九寨沟民俗文化村志领导小组. 九寨沟民俗文化村志[M]. 成都：电子科技大学出版社，2004：44-47.

2017年沟内村寨人口分布　　　　　　　　　　　　　　　表2-1

社区	扎如社区			树正社区			荷叶社区		
村寨	扎如寨	郭都寨	尖盘寨	树正寨	则查洼寨	黑角寨	荷叶新老寨	亚纳寨	盘亚寨
人数（人）	168	0	66	371	203	0	378/116	0	85
总计（人）	1387								

数据来源：《九寨沟世界自然遗产社区发展研究报告》

和风景区之后，他们不再从事传统的自然经济工作，开始从事自然保护、景区环卫和旅游服务等工作。现在九寨沟景区内三个社区居委会共有357户，1387人。其中扎如社区共计49户，234人；荷叶社区共计160户，579人；树正社区共计148户，574人（图2-14）。[1]

（1）村寨环境

村寨整体呈现完整的藏族乡土景观风貌，依山就势、临水而建、朴素原始的"阔博"藏族聚落，经幡旌旗迎风招扬，白塔转经神秘静谧。20世纪80年代景区开放前，九寨沟传统聚落在半农半牧的生产生活方式

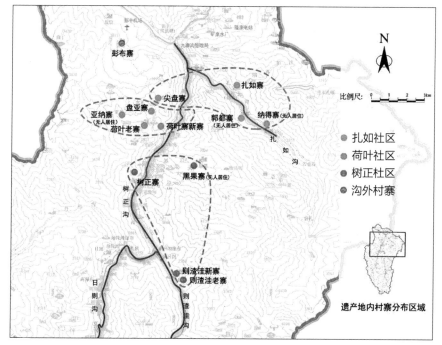

图2-14　沟内村寨分布

图片来源：作者自绘

1　四川省城乡规划设计研究院. 九寨沟世界自然遗产社区发展研究报告[R]. 2018: 4.

影响下，以"阔博"藏族为民族基础，以苯教多神崇拜为信仰，寨址多选于高山临水处，民居建筑顺应地形自由布局，三层土木结构的传统民居集中体现了农牧的生产生活方式，以经幡、白塔、转经为主要特征的宗教设施构成了主要的外部空间环境。现在村寨合并为三个社区，海拔较高的村寨逐渐废弃，荷叶、树正、扎如、则查洼四个规模较大的村寨分布在景区主要道路两侧，其中的民居建筑向着现代建筑发展，藏族民族特色装饰愈加丰富，寨中依然经幡飘荡，转经流转，白塔重重，相较老寨的外部空间更加规整（图2-15～图2-24）。

（2）村寨建筑

九寨沟村寨受宗教信仰和高山峡谷地形影响，形成了依山就势，自由布局的藏寨，沟内较早时期的民居建筑为土木结构相结合，以木结构为主，依山坡而建，墙基础用块石砌成，有厚重的外围夯土墙、与穿斗

图2-15 盘亚寨航拍
图片来源：作者自摄

图2-16 荷叶寨航拍
图片来源：作者自摄

图2-17 树正寨航拍
图片来源：作者自摄

图2-18 尖盘寨航拍
图片来源：作者自摄

郭都寨　　　　　　　　　　　　　　黑角寨

图2-19 历史上的遗产地内老寨之一
图片来源：《九寨沟民俗文化村志》

盘亚寨

热西寨（今扎如寨）

则查洼寨老寨

图2-20 历史上的遗产地内老寨之二
图片来源：《九寨沟藏民族文化教论》

图2-21 尖盘寨现状
图片来源：作者自摄

图2-22 盘亚寨现状
图片来源：作者自摄

图2-23 树正寨现状
图片来源：作者自摄

图2-24 盘亚寨老寨现状
图片来源：作者自摄

木结构结合的藏式建筑布局、晒台上的煨桑台、木榻片拼接的双坡屋顶、建筑内凸出屋顶的火塘烟囱等，呈现明显藏式建筑风格且兼具西南山地穿斗木建筑特点。总体造型古朴壮观，远远望去，半山坡鳞次栉比的民居与九寨沟自然山水融为一体，构成一幅古拙的人文山水画卷。

景区旅游开放以后，旅游经济的发展促使居民生活水平的提高，九寨沟藏寨建筑发生了明显的变化，大致可以分为两个类型：受旅游影响较大的无序建设的建筑、逐渐废弃的偏远高山上的传统建筑。随着砖、瓦、水泥等新型建筑材料开始用于藏寨建筑的新建和改建中，原本朴素的原木色藏寨木楼也因绚丽彩画的装饰而变得华丽（图2-25~图2-27）。

图2-25 盘亚寨民居
图片来源：作者自摄

图2-26 则查洼老民居
图片来源：作者自摄

图2-27 则查洼新民居
图片来源：作者自摄

（3）宗教民俗

九寨沟藏族信奉苯教，藏语称"本波"，也作"钵教""苯教"，俗称"黑教"。为藏族古代盛行的一种原始宗教，沟内宗教何时传入，现尚未考证。但沟内的苯波教寺庙扎如寺据藏文史籍记载，距今已有一千年的历史。藏语全称叫"热悟贡扎西彭措林"（圣地吉祥圆满洲）。[1] 历史属"奔卡拉康"的延续。"奔卡拉康"是由雍仲本教创始人辛饶弥沃的骨系、希升贡灿旺登后裔章松尼玛塔朵活佛在公元870年创建。到明朝末年公元1573年，第二十一世奔卡活佛旦增坚参得到当时从西藏来的尕让尼玛高僧的加持和指点，把以前几座分散的小庙（奔卡拉康、盘兴拉康等）统合成一个大寺院，并选寺址新建大寺，赐名为"热悟宫扎西彭措林"（圣地吉祥圆满洲）。因此，奔卡活佛旦增坚赞是一位在近代深受爱戴的活佛，在九寨沟一带有深远的影响。"文化大革命"时期寺院被毁后，寺址归附近的扎如村所有，故顺口称之为"扎如寺"。

到清朝中末期，第二十八世奔卡活佛仁青坚赞和第二十九世奔卡活佛尤仲赤仲时期，先后对寺院进行了大规模的扩建修缮，同时特派一批信念坚定、能吃苦耐劳的僧人赴青海、西藏等地去购买寺院所需的建筑装饰物及经书、菩萨造像、法器等。

原真原生的民俗风情在九寨沟一直延续至今，其中包括祭祀、转山会、藏历年、日桑等民俗节日与活动，肥腰长袖等民族服饰，唐卡壁画等雕塑及绘画，以及踢踏舞狮子舞等藏族舞蹈、民间音乐，以苯教文化为主的民间故事、宗教书法，待客禁忌等风俗等（图2-28~图2-32）。

---

1 雍仲本波佛教网. 扎如寺. [EB/OL]. 2020-8-11. http://www.bonpo.com.cn/siyuan/ShowArticle.asp?ArticleID=838. 2014-9-6.

图2-28 扎如寺
图片来源：作者自摄

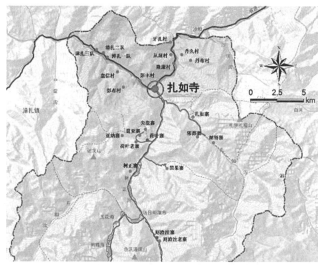

图2-29 位于众多村寨中心位置的扎如寺
图片来源：《风景区村民社区规划优化研究——以九寨沟为例》

祭祀山　　　　　　　　　祭祀泉

图2-30 祭祀民俗
图片来源：《九寨沟藏民族文化教论》

转山　　　　　　　　　　　　佛塔转经

图2-31　宗教民俗
图片来源：《九寨沟藏民族文化教论》

麻孜会　　　　　　　　　　　日桑节

图2-32　节日民俗
图片来源：https://www.jiuzhai.com/about/religion

3

遗产价值与藏族村寨

3.1 遗产价值认识

1972年，联合国教科文组织正式通过《保护世界文化与自然遗产公约》（以下简称"《公约》"）。根据公约的定义，世界遗产成为一个全球性的特定概念，指在全球范围内具有突出普遍价值的文物、建筑群、遗址和自然景观、自然地理结构、动植物生境区及其他天然名胜及自然区域。突出的普遍价值指罕见的、超越了国家界限的、对全人类的现在和未来均具有普遍的重要意义的文化或自然价值。[1]《公约》发布后，对提升人们保护全球范围内具有突出普遍价值的世界遗产的意识具有重要作用。截至2020年6月，全球共有1121项世界遗产，其中，文化遗产869项，自然遗产213项，文化与自然双遗产39项。

九寨沟风景名胜区于1992年因满足《公约》第七条标准——绝妙的自然现象或具有罕见自然美和美学价值的地区，而被列入世界遗产名录，遗产地面积720平方公里，缓冲区600平方公里（图3-1、图3-2）。

图3-1 九寨沟遗产地自然景观
图片来源：作者自摄

---

1 联合国教科文组织. 实施世界遗产公约操作指南[R]. 2015: 9-11.

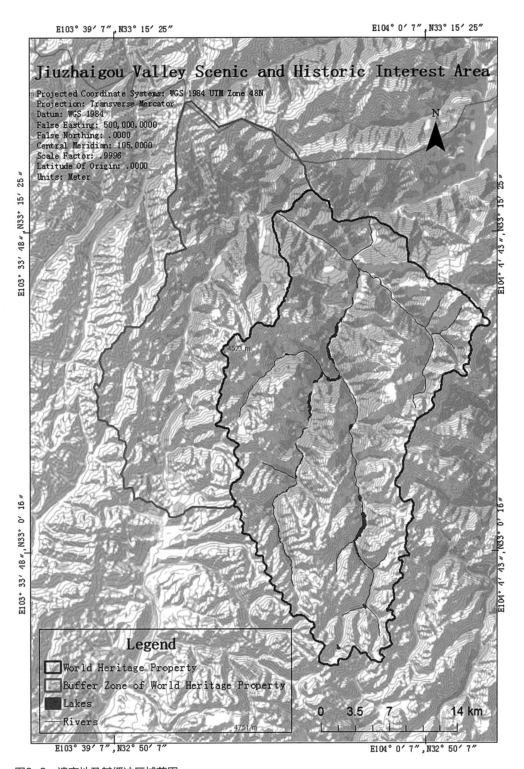

图3-2 遗产地及其缓冲区域范围
图片来源：教科文组织世界遗产委员会官网https://whc.unesco.org/en/list/637/

九寨沟拥有仙境般的景观和高度多样化的高山生态系统，联合国教科文组织对九寨沟突出普遍价值的表述中，指出它是一个独特的自然美景保护区，耸立着针叶林壮观起伏的高山山脉，散布着清澈、显现奇异的蓝色、绿色和紫色的水池、湖泊、瀑布、石灰岩梯田、洞穴和其他美丽特征的仙境一般的景观，具有突出的自然美；九寨沟拥有许多喀斯特地层，是高山岩溶水文研究的"自然博物馆"；其保留了一系列包括古森林在内的重要的森林生态系统，为大熊猫和羚牛等濒危物种提供了重要的栖息地；九寨沟位于岷山南麓，海拔4752米，保存了大量保存完好的第四纪冰川遗迹。综上，九寨沟具有重要的生态、景观、旅游等价值。[1]

3.2 藏族村寨的价值

九寨沟藏族村寨是沟内藏族千年来生活生产的实物载体，是当地山地人居环境的重要组成部分，独特的自然地理和人文环境也赋予了其文化的多样性。它反映了人类聚落发展、演变的历史，具有历史、艺术、科学以及社会和文化等多方面价值。

1）历史价值

历史价值指作为过去某一重要事件、与重要人物密切相关以及某一个重要发展阶段的历史见证的价值[2]。九寨沟藏族老寨作为当地藏族人民历史的产物，反映出了当时经济、社会和生活水平等内容，以及安多藏区的历史发展进程中生产力水平和生产资料的供应水平。

---

1 联合国教科文组织. 九寨沟风景名胜区. [EB/OL].（2014-9-6）[2020-8-11]. https://whc.unesco.org/en/list/637.
2 国际古迹遗址理事会中国国家委员会. 中国文物古迹保护准则. 2015.6-7.

九寨沟藏族村寨作为吐蕃王朝东征的产物，属三大藏区之一的安多藏区，处于族际关系、区域文化较为复杂的藏羌民族走廊上，参与了该区域内的民族融合与变迁的整个过程[1]，其内部存在的原始苯教与卫藏藏传佛教亦有许多相似之处。2007年在村寨附近发现的阿梢垴遗址，经测试其年代为距今2000年左右，相当于汉时期。九寨沟的藏族村寨和其附近的古代遗址即是此区域内民族变迁、宗教信仰发展的见证，也为九寨沟悠久的古代人类聚居历史提供了见证，从人类学角度看，也是对古蜀文明边缘地带的人类历史文化的重要补充（图3-3）。

老寨房屋遗迹

阿梢垴遗址区域

阿梢垴遗址挖掘

图3-3 遗产地内村寨遗址
图片来源：《九寨沟民俗文化村志》

---

1 刘夏蓓. 安多藏区族际关系与区域文化研究[M]. 北京：民族出版社，2003：90-93.

2）文化价值

村寨是地域乡土文化的载体，不同区域都形成了自己独特的文化，其文化价值主要指三个方面的价值，体现民族文化、地区文化、宗教文化的多样性特征所具有的价值；自然、景观、环境等因素被赋予了文化内涵所具有的价值；相关的非物质文化遗产所具有的价值。

九寨沟藏族居民长期生活在安多藏区，宗教以苯教文化为基础，信奉以佛教文化为主导的苯波教。九个藏族村寨的布局、建筑形制、村寨景观都呈现出了独特的民族、宗教特征。原始苯教崇尚拜的对象为天地、山川、草木等自然之物，这种自然崇拜文化在九寨的村寨格局也有所体现，村寨外围的山、湖泊等都纳入了居民的意识形态范围内，它们是居民共同认定的神山、神水，在传统上是这个社区聚落内的居民共同认定的公共活动场所，进而衍生出"转山""祭祀""日桑"等风俗活动，以及服饰、雕塑、绘画、文学、书法及歌舞音乐等非物质文化（图3-4）。

3）艺术价值

村寨艺术价值主要是指当地居民艺术创作、审美趣味及特定时代的典型风格，九寨沟的藏族村寨、民居、服饰、语言、地名、宗教、民俗等形成了独特的文化景观，它们与其他地区的汉民族文化景观有着迥异的差别（图3-5～图3-9）。

村寨祭祀地及佛塔

村民家中的印经板

图3-4 村寨人文
图片来源：《九寨沟民俗文化村志》

图3-5 装饰丰富的民居

图3-6 富丽的门楼
图片来源：作者自摄

图3-7 民居上的各式彩画
图片来源：作者自摄

图3-8 民居上的雕刻
图片来源：作者自摄

图3-9 装饰精美的佛塔
图片来源：作者自摄

（1）聚落

九寨沟古老村寨背倚大山，不仅有充足的日照，也有开阔的高山草甸供开垦耕种，周围森林环绕，九寨沟的村落与自然融为一体，是人与自然相处的典范之作。受地形地貌、气候条件、植被分布和文化传统等因素影响，九寨沟的村寨通常以民居建筑为主，顺应山势而建，房屋前后自然形成道路，蜿蜒曲折，满足人们的生产生活需要，此外寺庙、佛塔、磨坊、防火房和晒架等公共建筑。这些富有特色的建筑，因地制宜，高低错落，层次丰富，呈现典型中国西南高山峡谷地区藏寨风格，是九寨沟最具特点的文化景观元素。

（2）民居

由于丰富的森林资源，九寨沟的民居主体为穿斗木结构，以石块砌墙基，以土筑墙体，房顶盖以榻板。传统藏式民居大多为三层楼房，也有少量平房，一般由主房、耳房、牛棚、柴棚、厕所和院门组成，房屋主体多采用木质坚硬的杉木等材料，不用漆，不上色。朴素的建造方式和色彩与自然环境浑然一体，相得益彰。随着沟内经济的发展，民居建筑装饰逐渐丰富起来，建筑外墙面，特别是临街面，大面积使用彩绘、具有雕饰的柱廊、藏族雍仲"卍"符号等装饰，与围绕建筑的五色经幡共同组织起村寨整体的风貌，装饰艺术极具有藏式特色。

（3）服饰

九寨沟人的服装佩饰不多，女士最重要的是银制腰带，而男士则佩戴银鞘藏刀。九寨沟人的服装总体来说朴素实用，庄重大气，适应当地的自然环境，方便生产劳动。九寨沟人的服装都由当地妇女手工制成。几乎家家都有简单的织布工具，主要原材料为羊毛和麻。麻布是由麻皮纤维制成，先加工为麻线，再纺织成麻布，因质地轻薄，多做夏装。冬装多用绵羊毛制成，每年5~9月间，当地人剪下羊毛，晒干后用纺锤纺成细线，再用织机织成布料，制成服装。男装为白色，衣领和袍边镶十字氆氇，女装为黑色，衣领和袍边镶五彩线绣成的花边和氆氇，既美观又暖和。

4）科学价值

村寨科学价值指当地人民的创造性和科学技术成果本身或创造过程的实物见证的价值，是当地先民的智慧创造，这种智慧创造体现在民居建造和日常生产生活等诸多方面。

（1）民居构造

因九寨沟地区雨季降雨量较大，此地藏族民居多为双坡屋面，出檐30~40厘米，既利于排水，也能防止下部的夯土墙被雨水冲刷。屋顶较为特殊之处是使用榻板屋面与屋顶排水的木水槽设计。榻板屋面是用榻刀打出来的榻板（长1.3米左右的木片）相互搭接组成的屋面，多采用油松、红松等防水性能强的松科植物，可分为长方形的汉式榻与梯形的藏式榻两种规格。汉式榻施工方便，只要在上面加盖一片榻，盖缝即可；藏式榻则采用单层压边的工艺，铺设技术要求较高。榻板表面有一条条由年轮形成的纹沟，纹沟顺屋顶排水方向铺设，可使雨水顺纹而下，便于在雨季快速排水。而高原地区强烈的阳光辐射，也使雨后的榻板能迅速晒干，增加了榻板的耐久性。

在榻板屋顶下方，较为讲究的民居还会加设一层防漏层，防漏层有三层构造，先铺设较厚的榻板作为基础层，厚榻板上再铺一层耐腐蚀的高山耐寒植物（如金露梅），其上再铺一层较厚的土层。从榻板屋顶漏下的雨水，就可被土层吸收，而多分枝的金露梅和榻板基础，也保证了土层上的土不会掉落[1]（图3-10）。

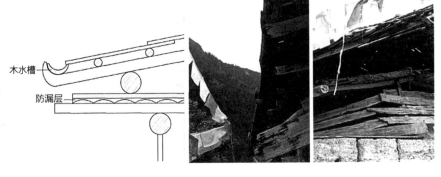

图3-10 民居构造智慧（屋檐）
图片来源：《九寨沟地区传统藏族民居研究》

（2）生产生活

九寨沟的村寨虽然都离水源较远，但并不妨碍村民利用水力。通常村寨的磨坊就修建在水边，利用水力驱动带动石磨。水磨由引水道、水轮、磨盘和磨轴等部分组成。磨坊临水而筑，由粗大的圆木撑起，地面铺上木板，木板中间挖洞，将磨轴与水轮中心轴相连，溪流穿房而过，冲击水轮，带动磨盘旋转，小麦、玉米等就这样在磨盘一遍遍转动下，

---

[1] 李旻昊. 九寨沟地区传统藏族民居研究[J]. 古建园林技术，2014（4）：27，50-51.62-64.

图3-11 生产用房（水磨坊）
图片来源：作者自摄

被碾成细细的粉末。水磨坊是先民在生产上的智慧创造，目前保存最为完好的是树正寨的水磨房（图3-11）。

5）社会价值

社会价值指在知识的记录和传播、文化精神的传承、社会凝聚力的产生等方面所具有的社会效益和价值，其中宗教信仰、民俗对村寨社会影响最为深刻，村寨内苯教的传承很大程度上决定了藏民的生态观和价值观，同时造就了众多宗教景观，承载了当地宗教、文化、民俗的传承，促使一代代藏民的身份认同（图3-12、图3-13）。

（1）苯教

九寨沟藏民信仰苯教，也称"苯教"。苯教是一种多神崇拜的原

扎如寺

佛事

藏历年活动

图3-12 遗产地内的宗教民俗
图片来源：https://www.jiuzhai.com/about/traditional-festival

佛塔　　　　　　　　　古树上的经幡　　　　　　　　　转经

图3-13　村寨内宗教民俗实物载体
图片来源：作者自摄

始宗教，把自然物和自然力量视作具有生命意志和伟大能量的对象加以崇拜。依靠这种信仰，九寨沟人形成了与自然和谐相处的生产生活方式，同时保护了自然景观，也形成了独特的文化景观。在九寨沟的宗教景观中，最常见的符号有寺庙、佛塔、祭祀点、各种转经和牙则等。

扎如寺是九寨沟内最典型的宗教景观，和民居一样，扎如寺也是就地取材，为土木石结构，木结构为主。墙体用块石砌成，整个建筑显得厚重、宏大。窗体外小内大，底层用朱红色棱柱，柱头雕有立体繁复的图案，上托粗大的替木。墙体以棕红色为底，用富丽复杂的彩绘装饰，缀鎏金铜镜，房檐四周竖镀金金幢，上有风铃，房顶中间塑菩提树和鹿，表现的是释迦牟尼得道的故事。佛塔也是九寨沟最常见的宗教景观之一，寺院周围和寺院内、村寨旁都建有白色的佛塔。佛塔有独塔和群塔两种，建在寺院或是各村寨人口较少的地方，塔高由村寨和建塔位置的高低来决定，一般由塔座、塔基、塔身、塔瓶座、塔瓶、塔刹、塔顶七部分组成。一般而言，塔基内装的是代表地界各种邪恶和贪念的画符；塔身内装有刀、斧头、枪、锄头等各种五金用具和交杵金刚，代表用来镇住这些邪恶和贪念；塔身以上到塔瓶象征着佛祖净地，用来供放"母德"、佛宝物、泥塑佛像和佛教经文；塔刹内插着由红、黄、蓝、绿、白五色绸缎和经文包裹的香柏；顶部是代表琼钦神鸟头部的"山"字形,这也是区分苯教和其他教佛塔的标志之一。

扎如寺和佛塔都是九寨沟佛事活动的重要场地,在文化传承、凝聚社会精神力上都有不可替代的作用。

(2) 民俗

九寨沟内有自己的传统生产习俗,传统生产模式完全依赖自然,顺应四时。时令与农作的结合,是当地居民对当地生态系统的认识后而产生的传统知识体系。此外,九寨沟因地处藏汉交界处,沟内生活习俗独具一格,如沟内的节日习俗,既有本民族的传统节日,也有部分汉民族的节日,同时这些节日又与宗教信仰分不开,地域特色十分鲜明,除此之外九寨沟还有许多特色鲜明的民俗,如人生礼仪、宗教习俗、生活习俗等,这些都是村寨社会中不可或缺的部分。[1]

村寨内民俗作为九寨沟内的非物质文化遗产,是九寨沟村寨社会所视为其文化遗产的各种实践、表演、表现形式、知识体系和技能及其有关的工具、实物、工艺品等,其强调村寨社会的技艺、经验、精神,更能够体现村寨的独特个性,在知识的传播、文化精神的传承、社会凝聚力的增强等方面具有一定的社会效益,具有很高的社会价值。

6) 经济旅游价值

村寨最明显的特征就是提供居民生产生活的空间,具体包括建筑、巷道等,村寨的规划布局和选址以及内部装饰等方面处处体现着"万物有灵"的理念追求,环境、村寨和人构成了一个天地人和谐的整体,实现了人与环境的融合,为人类寻找精神家园提供了一种可能,使游客能够体验当地民族生活的别样风格,触摸先人的建筑技艺、艺术和智慧,

---

[1] 四川大学考古系,九寨沟风景名胜区管理局,华盛顿大学人类学系,阿坝州文物管理所. 九寨沟景区历史文化考察研究报告[M]. 成都:巴蜀书社,2017: 50-59.

感受博大精深的传统文化，从而获得精神上的陶冶和感情的慰藉。从游客的参与度看，有间接参与旅游型村寨和旅游村寨两种。旅游村寨的意思是村寨整体成为旅游吸引物，游客以整个村寨景观为游览的目的地，游客在村寨的古建、街巷、广场中进行食、行、游、购、娱等旅游活动，整个传统村寨成为游客游览活动的物质载体。当地居民为游客提供导游、食宿、讲解等服务，居民本身也是旅游资源的组成部分如树正寨、则查洼寨等。间接参与型村寨，通常坐落在旅游景区附近，游客不直接进入村寨，和村寨的物质空间不发生直接接触，居民在景区周边为游客提供游览服务，经济收益能有所提高，从而使村寨的物质环境也发生改变，如沟外的村寨。

3.3 藏族村寨与自然遗产的价值关系

1）遗产价值的完整性

九寨沟丰富的自然资源为村寨的产生与发展提供了便利条件，同时，村寨朴素的自然观对自然生态系统的维护也起到积极作用，千百年来，村寨与自然遗产地已成为一个有机整体。在九寨沟世界遗产地的完整性方面，《实施世界遗产公约操作指南》提出其不仅应包括所有表现其突出的普遍价值的必要因素，其物理构造或重要特征都必须保存完好，且侵略化过程的影响得到控制，能表现遗产全部价值的绝大部分必要因素也要包括在内，文化景观、历史村镇或其他活遗产中体现其显著特征的种种关系和动态功能也应予保存。

九寨沟地区景观与文化相互塑造至少有3500年的历史。考古发掘证明，在公元前1500年人们已在黄土层上建村庄，结合少有的文字记载及当地的口述传统，了解到这里曾有小群体频繁在特定沟谷间迁徙，生计方式一般以田间作业、畜牧和小规模林业三种方式并存，居民大部分讲不同的安多方言，追随本波教的礼仪和习俗。先辈们在这里种植农作物，饲养家畜，在野外空旷地捕捉野鸡，在茂密的常绿和落叶林间获取建房和烧火用的木材，逐渐融入这个生态系统之中。

九寨沟地区景观最显著的特点是斑块性和灵活性，即时间和空间上的多样性，当地居民在维持各种森林斑块上起到了重要作用。农民基本上在阳坡清理空地进行耕作，耕作几年后，让土地恢复植被或将它用作草场，也有可能10年以后再次进行耕作。他们在自然形成的草场或耕作废弃形成的草场上放牛羊，持续放牧活动有时长达几个世纪之久。当地常用最好的燃料包括枫树、桤木、桦树、栎树，鉴于其高能量的湿重比，人们通过定期砍伐和火烧来维持阔叶林演替，从而不让森林进入油松和云杉主宰的成熟演替阶段。但是，松树和云杉是有用的建房材料，不管是现在高半山还能看到的20世纪80年代前建的全木结构房子，还是今天以石结构为主的房子，其柱子、横梁、门窗结构都以松树和云杉为主。

九寨沟内藏族村寨的发展不但给当地人提供了可持续生计，对享誉全球的生物多样性也作出了巨大贡献。据不完全统计，在物种目录和斑块多样性中列出的有维管植物1936种、确认的鸟类230种和哺乳动物78种，村寨的发展具有生态可持续性，也是同自然区域突出的普遍价值一致的，这也是九寨沟国家级自然保护区被纳入联合国教科文组织世界自然遗产名录，成为人与生物圈保护区的原因之一。

2）遗产价值的真实性

遗产价值真实性指文化遗产的位置和环境、精神和感觉、用途和功能、语言和其他形式的非物质遗产等真实可信。九寨沟的高山湖泊、森林草甸，给人类提供了一处舞台，人们在此繁衍生息，塑造了村寨内藏族民居、白塔、寺院及神山圣水等物质遗产以及一系列宗教民俗非物质遗产，衍生出现在人文景观的格局和肌理，使九寨沟内村寨文化延续至今，并未中断，是九寨沟的丰富自然资源与稳定环境为九寨沟内藏族村寨文化提供了物质基础，使之在长久的发展中保持传统和文化连续性，并赋予其地域性特征。村寨内真实的历史信息使我们对此区域相关文化遗产在艺术、历史、社会和科学等特定领域的研究更加深入,从而使理解文化遗产的性质、特性、意义、历史和地域特征成为可能。

3)自然遗产地内的人文内涵补充

九寨沟世界自然遗产地与其内部的藏族村寨应互为依存、相互发展。一方面,世界遗产地大都处于良好的生态环境中,为村寨提供生存发展的空间和物质资源;另一方面,九寨沟藏族村寨作为世界遗产地内的村寨既有一般村落的普遍性——作为人类聚居地;也有作为世界遗产地资源的特殊性,承载遗产地内社会人文积淀,作为世界遗产地内重要的人文资源,增加了世界遗产地的文化内涵。

4)经济价值的相互实现

随着世界遗产地的旅游开发,为村寨带来旅游效应以及可观的经济收益,村寨能够为其提供各种供给与服务,有助于保障旅游业的顺利开展,其长期以来积淀的文化底蕴也丰富了人们的旅游体验。此外九寨沟藏族村寨对自然遗产地自然环境有一定的维护作用,1996年,沟内95%以上的群众参加了保护景区、景点的工作,使九寨沟当地村民成为专业保护景区的从业人员,实现遗产地经济价值的可持续发展。[1]

---

1 九寨沟民俗文化村志领导小组. 九寨沟民俗文化村志[M]. 北京:电子科技大学出版社. 2004:103-111.

4

灾害与受灾基础调查

4.1 村寨致灾因子及分布

1）九寨沟地质构造及其影响

九寨沟景区主体构造为九寨沟褶皱推覆构造岩片，地处摩天岭地块的西缘。在九寨沟褶皱推覆构造岩片及其周围南坪褶皱推覆构造岩片、塔藏构造带、岷江推覆构造带、雪宝顶推覆构造岩片、岷江推覆构造带等的相互作用下，使九寨沟岩层产生叠加变形、变位，形成一系列的褶皱、断裂构造（图4-1）。[1]

（1）九寨沟褶皱推覆构造岩片

位于岷江断裂东侧，被挟持在塔藏构造带与雪山断裂带之间，展布于丹祖沟、中查沟、九寨沟至绿海子一带，主要构造线呈西北—东南向展布，主要为晚古生代及三叠纪地层，层序连续，以可溶性石灰岩为主，总厚度大于5951.4米。由于这里地处摩天岭地块的西缘，受不同方向、不同应力的构造作用，形成一系列延伸NW—SE向褶皱构造，轴面倾向SW或近于直立。并发育NW向、NE向、SN向及近EW向的四组断裂构造。[1]

（2）南坪褶皱推覆构造岩片

分布于塔藏构造带之北东侧，永定关—沙坝一带，主要构造线呈东北—西南向展布，为一套三叠系西康群复理石建造。出露的地层为一套三叠系地层，岩石以变质砂岩、板岩为主，偶夹灰岩。构造形迹为一系列轴线NW—SE向，轴面倾向北东向的褶皱构造及一些东北向及东西向的次级断层。岩层中发育扇状劈理，褶皱轴面总体倾向NE，由此表明

---

1 邓贵平. 九寨沟世界自然遗产地旅游地学景观成因与保护研究[D]. 成都理工大学，2011.

该岩片的构造作用为由北东向南西推覆挤压。[1]

（3）塔藏构造带

为西秦岭造山带与松潘—甘孜造山带的接合部位，呈西北—东南向展布于上四寨、彭布、热如沟、丛桠至隆康一带。出露宽约7~8千米，是南坪褶皱推覆构造岩片与九寨沟褶皱推覆构造岩片的分界断裂。其"基质"为塔藏岩组，时代归属晚二叠世至中三叠世，总体显示非史密斯地层系统特征。[1]地质构造对地质灾害发育的影响或控制因素主要是成岩节理、层面和构造节理裂隙等软弱结构面及其组合与斜坡监空面的关系。对滑坡发育影响大的是顺向坡、且岩层倾角小于坡角的情况，尤其是人工切坡较陡，使软弱结构面在坡面上监空，易导致滑坡发育；岩层中发育的节理裂隙及其组合，易将岩体切割成块状或碎裂状，降低岩体的力学强度，破坏了斜坡的稳定性，随着应力重分布和卸荷等作用，陡倾的

图4-1 九寨沟景区所处大地构造位置略图
图片来源：《九寨沟世界自然遗产地旅游地学景观成因与保护研究》

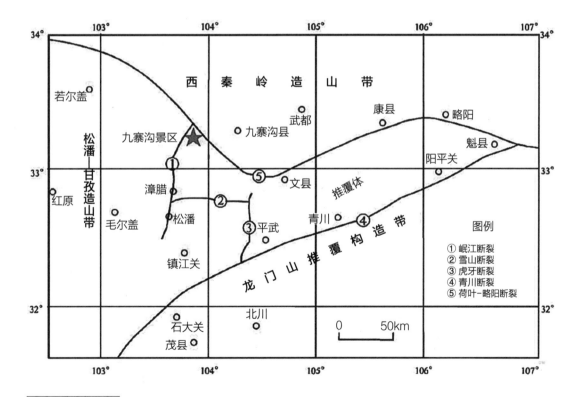

---

1 邓贵平. 九寨沟世界自然遗产地旅游地学景观成因与保护研究[D]. 成都理工大学，2011.

节理裂隙往往演化为拉张裂缝，导致了崩塌（危岩）的发生。由此可见，九寨沟景区内的地质构造与断裂带分布促成了各类地质灾害的孕灾环境，同时也提高了地震、滑坡、崩塌等地质灾害在该地区发生的概率。

2）村寨主要致灾因子

（1）地震

据历史记载以来，九寨沟遗产地发生5级及以上的地震8次之多，震源深度在12~15千米。1748年5月2日，塔藏、羊峒发生地震，造成树木、房屋倒塌；1960年11月9日，松潘漳腊6.75级地震，震源深度5千米，震中烈度九级，受灾面积1500平方公里，造成地裂缝、山体垮塌、滑坡、房屋倒塌；1976年8月16、22、23日，松潘小河相继发生7.2、6.7、7.2级三次地震，震源深度分别为15千米、10千米、22千米，综合烈度达9度，波及九寨沟县、文县、北川等地。此次地震造成日则沟林场住房多处出现裂隙，宽约20厘米以上，观音岩器皿翻倒、砖石开裂、房屋梭瓦、新修公路垮塌、黄龙烟囱倒塌、园墙裂开、倒塌、山体滚石滑落、部分塌方等[1]。2017年，九寨沟"8·8"地震的震中位于岷江断裂、塔藏断裂和虎牙断裂的交汇区。岷江断裂带位于该震中的西侧，总体走向为南北向，断面倾向西，显示为上冲兼左旋走滑作用，表明岷江断裂不是此次地震的发震断裂；但其对此次地震的余震、地表变形和地震滑坡分布的西界具有一定的限制作用。塔藏断裂位于该震中的北侧，总体走向为北西西向，断面倾向北东，倾角为50°~60°，显示为上冲兼左旋走滑作用，表明塔藏断裂不是此次地震的发震断裂，但其对此次地震的余震、地表变形和地震滑坡分布的北界具有一定的限制作用。此次地震后，对九寨沟遗产地内地质灾害隐患点进行了排查，共计134处，其中崩塌79处，滑坡15处，泥石流25处，不稳定斜坡15处[1]。

---

1 成都理工学院东方岩土工程勘察公司. 九寨沟景区漳扎镇扎如、荷叶、树正、则查洼社区地质灾害风险评估报告[R], 2018.

（2）滑坡

九寨沟景区的河谷地区容易产生滑坡灾害，常见于荷叶、树正、隆康、镜海、金铃海、五花海、季节海、悬泉、长海，常伴随着岩崩、古泥石流堆积扇、倒石堆和断层破碎带产生，基岩滑坡的情况比较少见。根据针对滑坡地区地貌的研究，各个大型沟谷谷坡地区容易出现滑坡，而在沟谷源头地区、河流上游古冰碛物存在地区相对而言滑坡较少。从规模的角度划分，中型、小型滑坡比较常见，而大型滑坡相对较少。长海滑坡、隆康滑坡、荷叶滑坡、五花海北端滑坡、诺日朗瀑布的南侧滑坡等为主要的滑坡，其分布多与断裂活动有关，但亦与人类活动有着密切联系（图4-2、图4-3）。[1]

（3）崩塌

崩塌是九寨沟景区内比较多的灾害。主要的分布地区为鹰爪洞沟、隆康、日则沟、悬泉沟、原始森林、长海、园海子、绿海子、则查梁子等。这些地区的裂隙、节理明显，裸岩比较破碎，加上没有植被的保护，最终形成倒石堆。九寨沟景区里典型倒石堆有：熊猫海的右侧处，倒石堆底部大于70米，高达50米，其锥面的坡度为38度，在稳定性性方

图4-2　九寨沟滑坡灾害1
图片来源：作者自摄

图4-3　九寨沟遗产地内的滑坡灾害2
图片来源：作者自摄

---

1 蹇代君，何运，徐焱. 九寨沟景区地质灾害类型及特征分析[J]. 科协论坛（下半月），2013（6）：135-136.

图4-4 九寨沟遗产地内的崩塌灾害1
图片来源：作者自摄

图4-5 九寨沟遗产地内的崩塌灾害2
图片来源：作者自摄

面对海子景点和公路栈道造成危害；树正瀑布景点以上地区的无名海，倒石堆高达200米、底面大约为150米，其锥面坡达35度，由于公路修建造成其局部锥基脚的活动等（图4-4、图4-5）。[1]

（4）泥石流

泥石流是一种挟持有大量泥、沙、石块等的特殊流体。九寨沟的泥石流与冰川地貌有很大的相关性，根据九寨沟冰川地貌分布的一般特征，大规模的一次冰川活动，会形成多级终碛堤、侧积堤地貌，底冰碛在九寨沟沟谷里铺垫出地形的骨架，从而造就海子的雏形，在终碛堤前端，由于地形较陡，易被后期冰水、流水的向源侵蚀作用改造成陡坎，形成冰碛平台，冰碛平台不易被改造，为后来的层湖叠瀑景观奠定基础条件。经过多期冰川退缩消融后，加之本区新构造活动强烈，地壳差异抬升明显，地震较多，其后的边坡崩塌、泥石流甚至大树倒跌等因素使得格档式的地形不断发展。泥石流经常在季节性河谷中出现。从泥石流的形成环境、规模、性质等角度可分为活动性古泥石流、坡面性泥石流和沟谷泥石流三种类型（图4-6、图4-7）。[2]

---

1 成都理工学院东方岩土工程勘察公司. 九寨沟景区漳扎镇扎如、荷叶、树正、则查洼社区地质灾害风险评估报告[R], 2018.
2 蹇代君, 何运, 徐焱. 九寨沟景区地质灾害类型及特征分析[J]. 科协论坛（下半月）, 2013（6）: 135-136.

图4-6 九寨沟遗产地内的泥石流沟1
图片来源：作者自摄

图4-7 九寨沟遗产地内的泥石流沟2
图片来源：作者自摄

3）村寨周边灾害分布情况

荷叶寨主要分为两大块，山下（新荷叶寨）和山上（荷叶老寨、盘亚寨、尖盘寨、亚纳寨）。由于荷叶村寨位于"8·8"九寨沟地震9度影响区内，地震对区内地质环境造成破坏，部分建（构）筑物也因地震而损毁。经调查，影响评估区的地质灾害共5处，其中不稳定斜坡1处、崩塌3处、泥石流1条（图4-8）。[1]

荷叶寨建设用地评价显示，发生大规模整体性失稳的可能性不大。现有地质灾害防治技术均能对其进行有效治理，防治地质灾害隐患。通过地质灾害治理可以变危险区为安全区，扩大安全环境容量。

树正寨整体呈东西向斜坡，有一半以上用地的坡度在15%以上。树正村寨现建有房屋70栋，居住村民99户共417人。由于树正村寨位于"8·8"九寨沟地震9度影响区内，地震对区内地质环境造成破坏，部分建（构）筑物也因地震而损毁。经调查，影响评估区的地质灾害共3处，其中滑坡1处、崩塌1处、泥石流1条（图4-9）。[1]

树正寨建设用地评价显示：产生大规模整体性失稳的可能性不大。现有地质灾害防治技术均能对其进行有效治理，防治地质灾害隐患。通过地质灾害治理可以变危险区为安全区，扩大安全环境容量。扎如村寨

---

1 四川省城乡规划设计研究院. 村寨综合防灾管理研究报告[R]. 2018.

图4-8 荷叶寨地质灾害现状图
图片来源:《村寨综合防灾管理研究报告》

荷叶沟沟口堆积扇　　　崩塌体　　　不稳定斜坡

图4-9 树正寨地质灾害现状图
图片来源:《村寨综合防灾管理研究报告》

树正沟沟口堆积扇　　　崩塌体　　　滑坡体

地势平坦,现状村寨建设用地组团状沿道路分布,上下两个组团中间有一块空地可以用为村寨建设,村寨可建设用地面积约20.11公顷。

扎如村寨现建有房屋53栋,居住村民56户共240人。由于扎如村寨位于"8·8"九寨沟地震8度影响区内,地震对区内地质环境造成破坏,部分建(构)筑物也因地震而损毁。经调查,影响评估区的地质灾害共4处,其中滑坡2处、不稳定斜坡1处、泥石流1条(图4-10)。[1]

图4-10 扎如寨地质灾害现状图
图片来源:《村寨综合防灾管理研究报告》

[1] 四川省城乡规划设计研究院. 村寨综合防灾管理研究报告[R]. 2018.

扎如寨建设用地评价显示：产生大规模整体性失稳的可能性不大。现有地质灾害防治技术均能对其进行有效治理，防治地质灾害隐患。通过地质灾害治理可以变危险区为安全区，扩大安全环境容量。

则查洼村寨地势平坦，现状村寨建设用地组团状沿道路分布，上下两个组团中间有一块空地可以用地村寨建设。则查洼社区现建有房屋60栋，居住村民70户共279人。由于则查洼社区位于"8·8"九寨沟地震8度影响区内，地震对区内地质环境造成破坏，部分建（构）筑物也因地震而损毁。经调查，影响评估区的地质灾害共3处，其中崩塌1处、泥石流2处（图4-11）。[1]

图4-11 则查洼寨地质灾害现状图
图片来源：《村寨综合防灾管理研究报告》

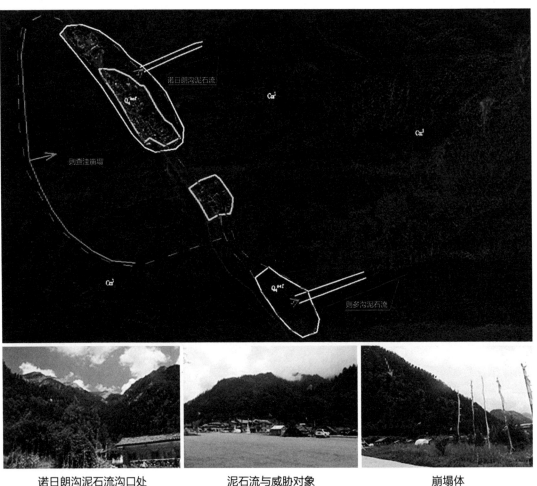

诺日朗沟泥石流沟口处　　泥石流与威胁对象　　崩塌体

1　四川省城乡规划设计研究院. 村寨综合防灾管理研究报告[R]. 2018.

则查洼寨建设用地评价显示：产生大规模整体性失稳的可能性不大。现有地质灾害防治技术均能对其进行有效治理，防治地质灾害隐患。通过地质灾害治理可以变危险区为安全区，扩大安全环境容量。

4.2 村寨受损调查方法及内容

村寨受损调查是以受灾村落为主体的损失调查。灾害损失通常包括人、财、物等直接损失，也包括文化、心理等间接损失。鉴于间接损失需在灾后更长时期通过访谈、问卷等方式获得数据，间接损失与自然灾害的关系也较为复杂。因此，此次调查主要是针对遗产地村寨建筑的灾后受损状态的调查。调查目的是：1）观察、记录与分析村寨建筑的受损类型与严重程度，对受损的诱发因素进行排查，判断受损原因；2）统计分析受损建筑分布情况及易损程度，为村寨易损性分析提供对比分析数据；3）根据不同类型建筑及受损情况，分级分类制定差异化的保护、修缮策略。

1）调查方法

根据调查范围与精度不同，主要有遥感解译法、地面详查法。遥感解译法主要用于中、小比例尺较大范围内的受损区域、村庄、建筑的识别分析，难以实现对建筑本体的裂隙、倾斜、脱落等精细识别，建筑受损调查主要通过地面详查方法进行。地面详查法包括观察测量法、三维扫描法、倾斜摄影等。

（1）观察测量法

该方法是灾后调查最常用、方便快捷的方法。能够快速完成对受损建筑部位、程度的初步判断，并现场完整记录工作，但需要观察人员具备扎实的调查经验与知识储备。

（2）三维扫描法

该方法能够获得高精度的建筑受损现状模型。但通过点云数据发现建筑受损部位，仍需要与现状进行比对以获得经验判断。建模过程耗时太长，对大规模村寨建筑不适宜。

（3）倾斜摄影测量法

该方法能够快速获得调查区域的建筑侧面模型，然后根据模型识别建筑形变或破损情况。但获取数据精度及细节难以把控，对临近地面位置建筑破损情况常常出现信息失真或缺失。

2）调查程序

一般调查可以按照"拟定选题——调查前准备（准备调查内容、调查工具、遴选对象）——现场调查（收集资料，实施调查）——调查分析（审核、整理、统计、分析）进行——调查总结（调查报告）"的步骤进行。

3）调查范围、对象

依据课题组前期现场踏勘情况及村寨受损情况，考虑新、老寨差异及与震源距离关系，选择新、老建筑交错分布的树正寨、则查洼寨、扎如寨，以及高半山的盘亚寨（以传统建筑为主），便于形成不同位置、不同建筑类型的对比分析。共确定树正寨、则查洼寨、扎如寨、盘亚寨四个村寨建筑为调查对象。

4）调查内容

依据《地震现场工作　第3部分：调查规范》（GB/T 18208.3—2011）、结合课题组现场踏勘情况，针对村寨建筑拟定了如下调查内容。

（1）钢筋混凝土框架结构

重点调查梁、柱、节点破坏情况，破坏处显露出的实际配筋情况；调查填充墙、楼梯、楼板、屋顶附属结构的破坏情况。

（2）砌体结构

调查房屋主要破坏发生楼层，墙体裂缝的走向（竖向、横向、斜向），预制楼板与现浇楼板房屋的破坏差异，圈梁与构造柱或柱芯的设置情况和破坏形式。区分承重墙破坏和非承重墙破坏。

（3）木架构房屋

调查维护墙体破坏或倒塌形式，木柱与墙体的相互影响以及大梁（屋架）位移和破坏的情况，梁、柱及榫接处的破坏、有无虫蚁和腐朽现象。

（4）生土房屋

调查墙体裂缝、歪闪或塌落，墙角开裂情况，屋架（盖）和屋面破坏，房屋倒塌形式。

5）调查其他要求

（1）建筑受损照片应包括能反映此次地震震害特点的各类典型震害和特殊的破坏现象。

（2）不同类型建筑破坏应有全景和局部破坏照片。全景照片应能显示建筑破坏状态和局部破坏所在位置，局部破坏应说明震害特征，并在地形图上标明建筑所在位置及编号。

（3）每张照片应有下列说明：拍摄地点、拍摄对象名称及所属、拍摄日期、拍摄内容简要说明、拍摄地点、拍摄者姓名。

4.3 村寨受损现场调查及分级

1)建筑受损程度分级

参照《四川省农村房屋地震破坏程度判别技术导则》,结合混凝土框架结构、砖混结构、木结构等不同结构类型房屋的破坏程度,列出九寨沟建筑受损程度的判定标准如下(表4-1~表4-3)。[1]

建筑受损程度判定标准(钢筋混凝土框架结构)　　　　表4-1

受损部位		受损程度	轻度受损	中度受损	重度受损
一	框架柱		个别轻微裂缝	部分轻微裂缝或个别严重裂缝或个别混凝土酥碎、崩落,可见钢筋	多数严重裂缝或部分混凝土酥碎、崩落,竖向钢筋压曲或断裂
二	框架梁		个别轻微裂缝	少数严重裂缝或部分混凝土保护层剥落,但主筋未屈服,箍筋未断裂	多数严重裂缝或部分梁混凝土酥碎、钢筋屈服或断裂
三	填充墙		部分墙体明显裂缝	多数墙体裂缝明显	墙体出现倾斜、倒塌
受损部位受损程度			轻度受损	中度受损	重度受损

注:轻微裂缝指宽度不超过0.3毫米的裂缝,超过者为严重裂缝。
资料来源:《九寨沟震后建筑受损及重建调研报告》

建筑受损程度判定标准(砖混结构)　　　　表4-2

受损部位		受损程度	轻度受损	中度受损	重度受损
一	承重墙		部分轻微裂缝	个别严重裂缝或倒塌	多数明显裂缝、部分严重裂缝,局部酥碎或倒塌,或虽未倒塌但多数产生倾斜,其倾斜率大于0.7%
二	楼盖和屋盖		完好或轻微损坏(有裂缝,未塌落)	个别塌落	部分塌落
三	非承重墙		个别破坏	个别严重裂缝或倒塌	成片倒塌
附属构件			有不同程度的损坏		

注:轻微裂缝指缝宽不超过2毫米且缝长不超过1.5米的裂缝,二者都超过属于严重裂缝。
资料来源:《九寨沟震后建筑受损及重建调研报告》

1　西南交通大学世界遗产国际研究中心. 九寨沟震后建筑受损及重建调研报告[R]. 2019.

建筑受损程度判定标准（木结构） 表4-3

受损部位	受损程度	轻度受损	中度受损	重度受损
一	木柱	完好或个别损坏	部分倾倒或折断	多数倾倒或折断
二	梁或尾架	完好或轻微损坏（有裂缝，未塌落）	个别塌落	部分塌落
三	围护墙	个别破坏	明显破坏	多数严重裂缝或倒塌

资料来源：《九寨沟震后建筑受损及重建调研报告》

2）建筑整体受损程度统计

依据建筑受损程度判定标准，经调查统计，树正寨轻度受损建筑有16栋，占比19%，中度受损建筑有12栋，占比14%，重度受损建筑有11栋，占比13%，损伤不明建筑有45栋，占比54%（图4-12）。

盘亚寨轻度受损建筑有8栋，占比30%，中度受损建筑有5栋，占比19%，重度受损建筑有11栋，占比40%，损伤不明建筑有3栋，占比11%

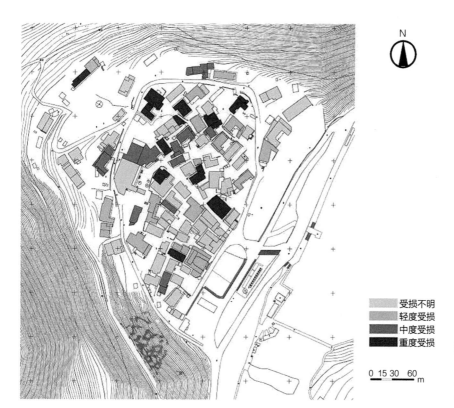

图4-12 树正寨受损情况分布图
图片来源：《九寨沟震后建筑受损及重建调研报告》

（图4-13）。[1]

扎如寨轻度受损建筑有9栋，占比24%，中度受损建筑有4栋，占比11%，重度受损建筑有8栋，占比22%，损伤不明建筑有16栋，占比43%（图4-14）。

则查洼寨轻度受损建筑有20栋，占比37%，中度受损建筑有9栋，占比17%，重度受损建筑有12栋，占比23%，损伤不明建筑有12栋，占比23%（图4-15）。[2]

九寨沟树正寨、盘亚寨、扎如寨、则查洼寨建筑受损汇总统计（表4-4）。

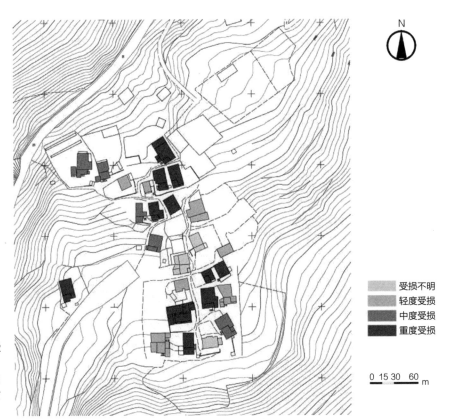

图4-13 盘亚寨受损情况分布
图片来源：《九寨沟震后建筑受损及重建调研报告》

---

1 西南交通大学世界遗产国际研究中心. 九寨沟震后建筑受损及重建调研报告[R]. 2019.
2 同上。

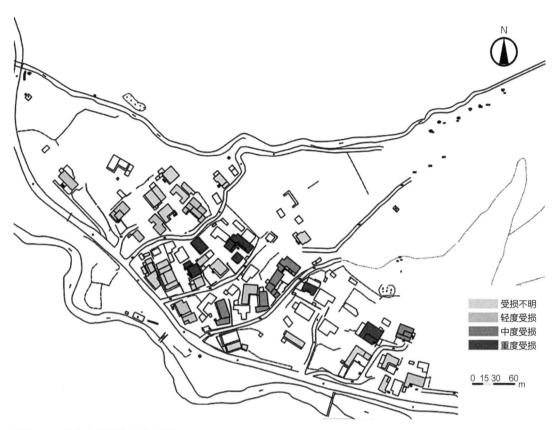

图4-14　扎如寨受损情况分布图
图片来源:《九寨沟震后建筑受损及重建调研报告》

各寨建筑受损程度统计　　表4-4

受损程度 村寨名称	轻度受损	中度受损	重度受损	损伤不明	受损合计
树正寨	16（19%）	12（14%）	11（13%）	45（54%）	39（46%）
盘亚寨	8（30%）	5（19%）	11（40%）	3（11%）	24（89%）
扎如寨	9（24%）	4（11%）	8（22%）	16（43%）	21（57%）
则查注寨	20（37%）	9（17%）	12（23%）	12（23%）	41（77%）

资料来源:《九寨沟震后建筑受损及重建调研报告》

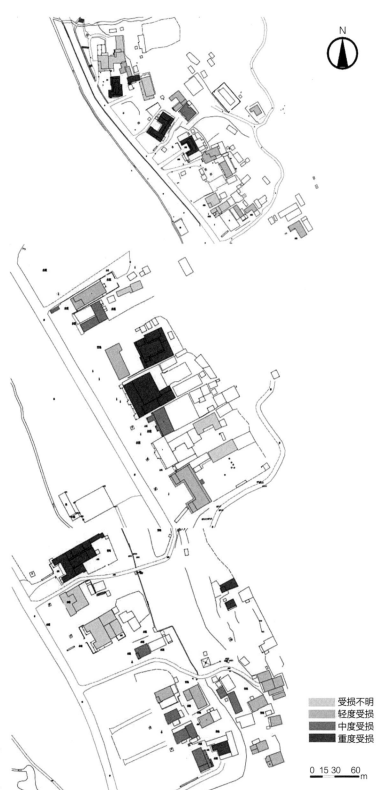

图4-15 则查洼寨受损情况分布图
图片来源：《九寨沟震后建筑受损及重建调研报告》

图例：
- 受损不明
- 轻度受损
- 中度受损
- 重度受损

3）不同结构类型受损程度统计

调查样本中的201栋建筑结构有三种，即框架结构、砖混结构和木结构（包括砖木、土木、石木结构）。其中，框架结构建筑共计20栋，占建筑总数的10%；砖混结构建筑74栋，占比为37%；木结构建筑107栋，占比为53%。表4-5对三种结构建筑在地震中的损毁情况进行了统计。表中可以看出发生较为严重损毁情况（如坍塌、结构受损和重度受损）的建筑占比依框架、砖混、木的顺序递增；而损毁情况轻微（如受损不明和轻度受损）的建筑占比依框架、砖混、木的顺序递减，见图4-16。[1]

建筑结构受损总表　　　　　　　　　　　　表4-5

建筑结构及损毁情况	受损建筑数/栋	建筑结构及损毁情况	受损建筑数/栋	建筑结构及损毁情况	受损建筑数/栋
框架结构		砖混结构		木结构	
轻度受损	3	轻度受损	24	轻度受损	21
中度受损	2	中度受损	10	中度受损	24
重度受损	0	重度受损	2	重度受损	42
安全	15	安全	39	安全	19
总计	20	总计	75	总计	106
合计	201				

资料来源：《九寨沟震后建筑受损及重建调研报告》

4）建筑受损特征

（1）树正寨

树正寨建筑受损等级以轻度受损为主（图4-17），其受损特征为屋顶瓦掉落、外墙开裂和饰面层剥落以及围栏、外围墙损坏。中度受损特征包括屋顶损坏、外墙倾斜以及外围墙倒塌。重度受损特征为外墙局部或全部倒塌。（表4-6）

---

[1] 西南交通大学世界遗产国际研究中心. 九寨沟震后建筑受损及重建调研报告[R]. 2019.

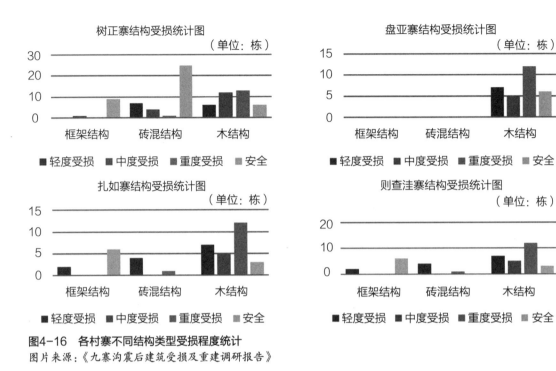

图4-16 各村寨不同结构类型受损程度统计
图片来源：《九寨沟震后建筑受损及重建调研报告》

轻度受损

中度受损

重度受损

图4-17 树正寨受损建筑
图片来源：《九寨沟震后建筑受损及重建调研报告》

树正寨建筑受损特征　　　　　表4-6

轻度受损特征	中度受损特征	重度受损特征
屋顶瓦掉落	屋顶损坏	外墙局部、全部倒塌
外墙开裂和饰面层剥落	外墙倾斜	
围栏、外围墙损坏	外围墙倒塌	

资料来源：《九寨沟震后建筑受损及重建调研报告》

（2）盘亚寨

盘亚寨作为调查村寨中木结构占比最高的村寨，其受损等级以重度受损为主（图4-18），其受损特征为外墙局部或全部倒塌。轻度受损特征包括屋顶瓦掉落与外墙、土墙开裂。中度受损特征包括结构倾斜与外墙出现多条裂缝。（表4-7）

轻度受损　　　　　　　　　　中度受损　　　　　　　　　　重度受损

图4-18　盘亚寨受损建筑
资料来源：作者自摄

盘亚寨建筑受损特征　　　　　　　　　　　　　　　　　　　表4-7

轻度受损特征	中度受损特征	重度受损特征
屋顶瓦滑落	结构倾斜	外墙局部、全部倒塌
外墙、土墙开裂	外墙多条裂缝	

资料来源：《九寨沟震后建筑受损及重建调研报告》

（3）扎如寨

扎如寨建筑受损等级以重度受损为主（图4-19），轻度受损主要以木结构和砖混结构为主，重度受损主要是木结构。轻度受损特征包括屋顶部分瓦滑落、外墙晒台出现裂痕以及墙面饰面层掉落脱皮。中度受损特征包括屋顶损坏、屋檐部局部倒塌以及外墙出现多条裂缝。重度受损特征为外墙局部或全部倒塌。（表4-8）

| 轻度受损 | 中度受损 | 重度受损 |

图4-19 扎如寨受损建筑
资料来源：作者自摄

扎如寨建筑受损特征　　　　　　　　表4-8

轻度受损特征	中度受损特征	重度受损特征
屋顶部分瓦滑落	屋顶损坏、屋檐局部倒塌	外墙局部、全部倒塌
外墙裂痕、晒台裂痕	外墙多条裂缝	
墙面饰面层掉落脱皮		

资料来源：《九寨沟震后建筑受损及重建调研报告》

（4）则查洼寨

则查洼寨主要以轻度受损为主（图4-20），其受损特征包括屋顶部分瓦掉落、外墙出现裂痕以及内墙开裂。中度受损特征包括屋顶损坏、山墙局部损坏以及外墙多条裂缝。重度受损特征为外墙局部或全部倒塌。（表4-9）

| 轻度受损 | 中度受损 | 重度受损 |

图4-20 则查洼寨受损建筑
资料来源：作者自摄

则查洼寨建筑受损特征　　　　　表4-9

轻度受损特征	中度受损特征	重度受损特征
屋顶部分瓦掉落	屋顶损坏	外墙局部、全部倒塌
外墙裂痕	山墙局部损坏、外墙多条裂缝	
内墙开裂		

资料来源：《九寨沟震后建筑受损及重建调研报告》

5）小结

（1）村寨整体受损程度

盘亚寨受损情况最为严重，建筑受损比例高达89%；则查洼寨受损较严重，建筑受损比例为77%；扎如寨、树正寨受损比例分别是57%、46%。[1]

（2）不同结构类型建筑受损程度

在201栋建筑中，震后损毁情况较为严重的建筑为木结构建筑，占比为40%（重度受损木构建筑数量/木构建筑总数）；砖混结构次之，占比为3%（重度受损砖混建筑数量/砖混建筑总数）；框架结构受损最少，占比为0%（重度受损框架建筑数量/框架建筑总数）。

1　西南交通大学世界遗产国际研究中心. 九寨沟震后建筑受损及重建调研报告[R]. 2019.

5

村寨灾害风险评价

国际减灾战略（ISDR）将自然灾害风险评价或分析定义为对可能造成人员伤亡、财产损失、环境破坏的潜在致灾因子进行分析，并评估承灾体的脆弱性，然后判断风险性质和范围的方法，并提出自然灾害风险的概念公式，概括了构成风险的两个因素为致灾因子的危险性、承灾体脆弱性，即，Risk（风险）= Hazard（危险性）× Vunlnerability（脆弱性）。[1]

5.1 村寨风险评价方法

1）风险评价基本方法概述

针对微观层面的自然灾害风险评估方法，这些方法和技术主要包括：层次分析法（AHP）、灰色系统法、人工神经网络、模糊数学与基于信息扩散理论方法以及地理信息系统与遥感技术（GIS & RS）方法。[2]

（1）地理信息系统与遥感技术（GB & RS）方法

在计算机硬、软件系统支持下，对研究区域的整个空间中有关地理分布的数据进行采集、储存、管理、运算、分析、显示和描述，并配合遥感技术，实施相关环境因子的探测、识别。

地理信息系统（GIS）与遥感（RS）技术在不断发展，并已越来越多地应用于灾害预警预报、灾害动态监测、灾害成因分析、灾害调查和

---

1 Reduction Isfd.Living with risk: a global review of disaster reduction initiatives[M]. London BioMed Central Ltd, 2004.
2 郗蒙浩, 赵秋红, 姚忠, 田静. 自然灾害风险评估方法研究综述[C]. 中国灾害防御协会风险分析专业委员会. 风险分析和危机反应中的信息技术——中国灾害防御协会风险分析专业委员会第六届年会论文集. 中国灾害防御协会风险分析专业委员会: 中国灾害防御协会风险分析专业委员会, 2014: 82-87.

灾害评估等各方面，突显其方便快速、客观准确、灵活机动和综合集成等优势。

（2）层次分析法

层次分析法是将决策问题按总目标、各层子目标、评价准则直至具体的备择方案的顺序分解为不同的层次结构，然后用求解判断矩阵特征向量的办法，求得每一层次的各元素对上一层次某元素的优先权重，最后再加权和的方法递阶归并各备择方案对总目标的最终权重，此最终权重最大者即为最优方案。层次分析法的一般分析步骤如下：a. 建立层次结构模型；b. 构造判断矩阵；c. 层次单排序及其一致性检验；d. 层次总排序及其一致性检验。[1]

层次分析法主要用于综合地质灾害、洪水、滑坡、草原火灾等的研究。这种方法思路清晰且系统性强，所需定量数据较少，对问题本质分析较为透彻，具有较强的实用性。

（3）灰色系统法

灰色系统法又称灰色关联分析方法，是根据因素之间发展趋势的相似或相异程度，亦即"灰色关联度"，作为衡量因素间关联程度的一种方法。灰色系统理论提出了对各子系统进行灰色关联度分析的概念，意图透过一定的方法，去寻求系统中各子系统（或因素）之间的数值关系。因此，灰色关联度分析对于一个系统发展变化态势提供了量化的度量，非常适合动态历程分析。其具体分析步骤如下：a. 确定反映系统行为特征的参考数列和影响系统行为的比较数列；b. 对参考数列和比较数列进行无量纲化处理；c. 求参考数列与比较数列的灰色关联系数；d. 求关联度；e. 排关联序。

---

[1] 郗蒙浩，赵秋红，姚忠，田静. 自然灾害风险评估方法研究综述[C]. 中国灾害防御协会风险分析专业委员会. 风险分析和危机反应中的信息技术——中国灾害防御协会风险分析专业委员会第六届年会论文集. 中国灾害防御协会风险分析专业委员会：中国灾害防御协会风险分析专业委员会，2014：82-87.

动态评价灰色系统法主要用于综合地质灾害、风暴潮、洪灾等自然灾害风险评估中。这种方法算法思路清晰，过程简便快捷而易于程序化，但争议较大，学术界在研究中较少运用该方法。[1]

（4）人工神经网络

人工神经网络法是先将信息化成概念，并用符号表示，然后，根据符号运算按串行模式进行逻辑推理；这一过程可以写成串行的指令，让计算机执行。他的本质是一种运算模型，由大量的节点（或称神经元）之间相互连接构成。每个节点代表一种特定的输出函数，称为激励函数。每两个节点间的连接都代表一个对于通过该连接信号的加权值，称之为权重，这相当于人工神经网络的记忆。网络的输出则依网络的连接方式，权重值和激励函数的不同而不同。

人工神经网络法主要用于洪灾、泥石流、雪灾、地震、综合地质灾害等自然灾害风险评估中。这种方法基于数据驱动，可较好地避免主观赋权引起的误差，但因收敛速度慢，可能影响学习速率而导致训练结果存在差异，且不易说明各参数的作用及其关系。[1]

（5）模糊数学与基于信息扩散理论方法

信息扩散方法是为了弥补信息不足而考虑优化利用样本模糊信息的一种对样本进行集值化的模糊数学处理方法。最原始的形式是信息分配方法；最简单的信息扩散函数是正态扩散函数。信息扩散方法可以将一个分明值的样本点，变成一个模糊集。或者说，是把单值样本点，变成集值样本点。

模糊数学方法主要用于综合气象灾害、洪灾、泥石流、地震、综合地质灾害等的自然灾害风险评估中。这种方法能较好地分析模糊不确定

---

1 郗蒙浩，赵秋红，姚忠，田静. 自然灾害风险评估方法研究综述[C]. 中国灾害防御协会风险分析专业委员会. 风险分析和危机反应中的信息技术——中国灾害防御协会风险分析专业委员会第六届年会论文集. 中国灾害防御协会风险分析专业委员会：中国灾害防御协会风险分析专业委员会，2014：82-87.

性问题，是多指标综合评价实践中应用最广的方法之一，但其在确定评定因子及隶属函数形式等方面具有一定的主观性。基于信息扩散理论方法主用于低温冷冻灾害、台风、暴雨、洪灾、旱灾、地震、火灾等自然灾害风险评估中。这种方法简单易行，分析结果意义清楚，但对扩散函数的形式及适用条件、扩散系数的确定等尚待进一步探讨。[1]

5.2 村寨致灾因子危险性

1）危险性分级

危险性分析也被称为致灾因子分析，顾名思义是对致灾因子的特征进行分析，以掌握不同频率灾害的强度、影响范围以及持续时间。危险图是危险性分析成果的一般表现形式。[2]

村寨致灾因子危险性主要根据村寨中地质灾害的性质、规模、稳定性和易发程度等基本特征和承灾体的重要性，从致灾因子的稳定性和承灾体遭遇灾害的概率上进行分析，对潜在的危险性进行客观评估，分为危险性大、危险性中等、危险性小三级（表5-1）。

地质灾害危险性评估分级标准表　　　表5-1

危险性分级	地质灾害发育程度	地质灾害危害程度
Ⅰ级（危险性大）	强发育	危害大
Ⅱ级（危险性中等）	中等发育	危害中等
Ⅲ级（危险性小）	弱发育	危害小

资料来源：DZ/T 0286—2015地质灾害危险性评估规范

---

[1] 张丽娟，李文亮，张冬有. 基于信息扩散理论的气象灾害风险评估方法[J]. 地理科学，2009，29（2）：250-25.
[2] 成都理工学院东方岩土工程勘察公司. 九寨沟景区漳扎镇扎如、荷叶、树正、则查洼社区地质灾害风险评估报告[R]. 2018.

2）危险性判定

根据上述地质灾害危险性分级方法，地质灾害危险性的判定采取定性分析为主的方法。分析评估指标选取遵循以下原则：

（1）首先考虑地质灾害的发育程度。崩滑类灾害主要以稳定性来衡量，泥石流类灾害则主要以易发程度来衡量。在查明地质灾害形态结构特征、变形破坏特征、演变历史和发展趋势等的基础上，对崩塌滑坡类灾害体判断其稳定性，稳定性越差的地质灾害危险性相对越大，对泥石流判断其易发程度，易发程度越高则地质灾害危险性相对越大。

（2）在划分地质灾害危险区范围内，界定地质灾害的威胁对象（承灾体），根据灾害对评估线路及沿线其他承载体的危害程度的不同划分危险性等级，危害越大，受威胁对象重要性越显著，其危险性也相对越大。

5.3 村寨脆弱性

承灾体的脆弱性指在一定灾害强度作用下，承灾体保护其自身完整性及功能性不受破坏的能力缺失。承灾体脆弱性越小，表示其抵抗灾害破坏的能力越强，破坏的可能性越小，即易损性越低。承灾体脆弱性的定义独立于灾害体的任何属性，描述承灾体自身的属性特征，表达影响承灾体破坏效应的内因。与灾害体的作用强度相似，脆弱性为无量纲值。常用0到1之间的值表达承灾体抵抗灾害破坏作用的能力。

自然灾害、气候变化等自然科学领域认为脆弱性是系统由于灾害等不利影响而遭受损害的程度或可能性，侧重研究单一扰动所产生的多重影响；贫穷、可持续生计等社会科学领域认为脆弱性是系统承受不利影响的能力，注重对脆弱性产生的原因进行分析。归纳众多学者对脆弱性这一概念的界定，可将脆弱性评价的方法划分为以下五类。[1]

1）综合指数法

该方法从脆弱性表现特征、发生原因等方面建立评价指标体系，利用统计方法或其他数学方法综合成脆弱性指数，来表示评价单元脆弱性程度的相对大小，是目前脆弱性评价中较常用的一种方法。美国国际开发（USAID）资助的早期饥荒预警系统（FEWS）研究就利用综合指数法计算了非洲大陆不同地区对粮食安全的脆弱性；南太平洋应用地学委员（SOPAC）利用50个指标构建了环境脆弱性指数，用来反映一国自然环境容易受到损害及发生退化的程度。目前在综合指数法中较常用的数学统计方法有加权求和（平均）法、主成分分析法（PCA）、层次分析法（AHP）、模糊综合评价法等四种。

2）图层叠置法

近几年来，随着GIS技术的普及和完善，应用GIS技术评估自然和人文系统的脆弱性已呈上升趋势，图层叠置法是基于GIS技术发展起来的一种脆弱性评价方法，根据其评价的思路可分为两种叠置方法：a. 脆弱性构成要素图层间的叠置；b. 针对不同扰动的脆弱性图层间的叠。

3）脆弱性函数模型评价法

该方法基于对脆弱性的理解，首先对脆弱性的各构成要素进行定量评价，然后从脆弱性构成要素之间的相互作用关系出发，建立脆弱性评

---

[1] 李鹤，张平宇，程叶青. 脆弱性的概念及其评价方法[J]. 地理科学进展，2008（2）：18-25.

价模型。广义的灾害脆弱性评估模型和狭义的灾害脆弱性评估模型,认为广义的灾害脆弱性是由区域时空脆弱性、孕灾环境脆弱性、承载体脆弱性构成,狭义的脆弱性评估模型由经济脆弱性、人文脆弱性、政治脆弱性构成,并分别给出了广义和狭义灾害脆弱性评估的函数模型。

4)模糊物元评价法

模糊物元评价法是通过计算各研究区域与一个选定参照状态(脆弱性最高或最低)的相似程度来判别各研究区域的相对脆弱程度。该方法对脆弱性的评价角度与前几种不同,不是将众多指标合成一个综合指数,因此不必考虑变量间的相关性问题,可以充分利用原始变量的信息;缺点在于对参照单元的界定缺乏科学合理的方法,评价结果对参照单元选取标准的变化十分敏感,并且评价结果反映出的信息量较少,只能反映各研究区域脆弱性的相对大小,难以反映脆弱性空间差异的决定因素及脆弱性特征等方面的信息。[1]

5)危险度分析法

该方法计算研究单元各变量现状矢量值与自然状态下各变量矢量值之间的欧氏距离,认为距离越大系统越脆弱,越容易使系统的结构和功能发生彻底的改变。该方法多用于生态环境脆弱性评价,能够反映系统偏离自然状态的程度,进而一定程度上反映了研究单元的生态危险程度。另一方面由于该方法参照状态的设定中将人类活动设定为零,而其他生态变量的取值范围在自然状态下相对较稳定,因此参照状态的选取变化不大,这使评价结果对参照点的选取较稳定。该方法的不足之处在于:假设自然状态下的区域是脆弱性最小的区域,这种假设忽视了人类

---

1 李鹤,张平宇,程叶青. 脆弱性的概念及其评价方法[J]. 地理科学进展,2008(2): 18-25.

活动对生态环境改善的促进作用；同时自然状态的设定存在很多不确定性，该方法对这些不确定性的处理通常采用设定一些模糊值的方法，但容易产生大多数研究单元较接近自然状态，少数研究单元脆弱性较高的评价结果；该方法虽然能够反映研究单元的生态危险程度，但不能反映系统脆弱性达到何种程度时系统结构和功能就会发生根本改变，没有确定的脆弱性阈值。[1]

5.4 村寨环境敏感性

敏感性分析是指灾害影响因素的区间变动对灾害发生影响程度的大小。一般做法是通过研究区域的数字高程模型（DEM）数据分析得到坡度及坡向参数，利用地理信息系统空间分析功能，并采用基于贡献率的敏感性数学分析方法，定量地分析地形因子中各区段对滑坡泥石流的敏感程度[2]。贡献率是指滑坡各个影响因子对于滑坡泥石流发生起的作用大小的一个量化值。

5.5 村寨灾害风险评价流程

依据国际标准《ISO 31000—风险管理原则与实施指南》[3]、我国《风

---

1 李鹤，张平宇，程叶青. 脆弱性的概念及其评价方法[J]. 地理科学进展，2008（2）：18-25.
2 向灵芝，崔鹏，张建强，等. 汶川县地震诱发崩滑灾害影响因素的敏感性分析[J]. 四川大学学报（工程科学版），2010，42（5）：105-112.
3 中国标准化研究院，第一会达风险管理科技有限公司，中国航空综合技术研究所，等. 风险管理原则与实施指南（GB/T 24353—2009）[S]. 北京：中国标准出版社，2009.

险管理原则与实施指南（GB/T 24353—2009）》中的风险管理流程（图5-1）。村寨灾害风险评价流程包括风险识别、风险分析、风险评价三个阶段。

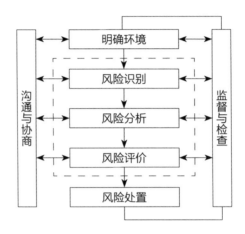

图5-1 风险管理流程
图片来源：《风险管理原则与实施指南》

1）村寨灾害风险识别

利用文献查阅、基础调查、数据搜集等手段，获取村寨分布区域已有的地质灾害监测、水环境监测、气象观测、森林植被监测、遗产地保护监测等常规监测数据、历史灾害数据及潜在灾害因素，以DEM数据、气象站实测数据、遥感影像数据、专题地图数据和统计数据作为数据源，结合地区气象灾害、地质灾害风险水平的监测数据，形成村寨主要灾害数据库。

2）村寨灾害风险分析

（1）危险性

在灾害指数方法、模糊数学法、信息扩散法（情景模拟）等量化方法基础上，梳理完善不同致灾因子的危险指数反应指标体系，修正得到适宜遗产地传统村寨灾害风险评估模型表达式，实现对传统村寨典型地质灾害（滑坡、泥石流）风险危险性的量化分析，计算典型村寨研究区域的危险性概率及危险性等级，进行灾害危险性区划。

（2）村寨脆弱性

从村寨的生态、社会、经济系统三个方面，结合防灾能力、承灾能力、恢复力等方面的指标，选择反应村寨脆弱性的指标，重点对传统村寨的建筑、道路、绿化等规划控制对象进行评价，结合前述受灾体分类及统计、地面调查等内容，利用修正完善的分类统计方法进行脆弱性定量评价。对评价结果，可通过样地法进行损失实测验证。

3）村寨灾害风险评价

结合灾害危险性及村寨脆弱性评价结果，通过模型表达式进行灾害风险综合定性、定量评价。根据历史统计、调查数据及风险结构各要素的综合分析，结合灾害可接受准则及对数曲线方法，通过地理信息系统空间分析和数理统计方法，明确可接受阀值并划分风险等级。系统绘制村落灾害风险专题图。

5.6 村寨灾害风险评价实例——树正寨

根据现场勘察情况，影响树正寨安全的地质灾害共三处：树正沟泥石流、树正群海下行车站对面崩塌、大日刻滑坡（图5-2）。[1]

根据上文中对地质灾害危险性判定的原则以及三种地质灾害对村寨的影响程度，选取泥石流以及滑坡灾害做出风险评价。

---

[1] 成都理工学院东方岩土工程勘察公司. 九寨沟景区漳扎镇扎如、荷叶、树正、则查洼社区地质灾害风险评估报告[R]. 2018.

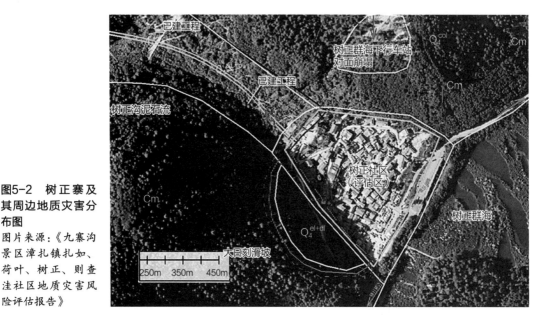

图5-2 树正寨及其周边地质灾害分布图
图片来源:《九寨沟景区漳扎镇扎如、荷叶、树正、则查洼社区地质灾害风险评估报告》

1)树正沟泥石流

(1)沟域基本特征

树正沟泥石流(图5-3)位于九寨沟景区白水河左岸,沟域属构造侵蚀高山峡谷地貌区,树正沟沟口堆积扇地理坐标为:N33°12′0.51″,E103°53′39.62″。树正沟沟道较为宽阔,沟口处宽达100~250米;两侧斜坡多为基岩斜坡,坡度多在40°~65°,基岩岩性为灰岩、泥灰岩。坡体植被较发育。[1]

树正沟沟口为其老堆积扇(图5-3(b)),扇体长约400米,扩散角约47°,树正社区建在树正沟的老堆积山上。树正沟沟道弯曲较多,主沟长3.8公里,相对高差1530余米,主沟纵坡降278‰~580‰。"8·8"地震前树正沟做过工程治理,沟道下游修建了格栅坝、停淤腰带,沟道上游修建了三道谷坊坝,地震过程中停淤腰带已经淤积满且有一定受

---

1 成都理工学院东方岩土工程勘察公司. 九寨沟景区漳扎镇扎如、荷叶、树正、则查洼社区地质灾害风险评估报告[R]. 2018.

(a)树正沟地形地貌　　　　　　　(b)树正沟泥石流威胁对象

(c)树正沟泥石流拦挡工程　　　　(d)树正沟泥石流二级拦挡坝

损,三道谷坊坝已经淤积满坝。地震期间泥石流尚未对树正社区造成危害。

图5-3 树正沟泥石流沟域基本特征
图片来源:《九寨沟景区漳扎镇扎如、荷叶、树正、则查洼社区地质灾害风险评估报告》

(2)易发程度分析

"8·8"地震发生时树正沟内发生多出基岩崩塌,崩塌体对沟道造成了一定程度的挤压。由于树正沟内堆积物多为块径巨大的基岩崩积物,沟水的搬运能力尚不能将沟床内堆积的块石运走,沟水便沿崩积物间的缝隙形成地下潜流流向下游。碎、块石母岩岩性主要为灰岩、泥灰岩,堆积体厚度一般为1.5~5米,平均厚约3米,估算松散物质储量达95×10^4立方米,一次冲出量约11×10^4立方米。由于树正沟泥石流沟内堆积的物质多以大块径碎块石为主,黏土类物质较少,因此该泥石流为稀性沟谷型泥石流,规模为大型。[1]

按照泥石流沟易发程度数量化评分表（表5-2）对树正沟泥石流进行评分,发育程度量化评分为97,发育程度为中等发育,该灾害主要辐射范围是树正沟沟口老堆积扇上的树正社区以及社区外临近的公路。

树正沟泥石流发育程度量化评分表　　表5-2

序号	影响因素	强发育（A）	得分	中等发育（B）	得分	弱发育（C）	得分	不发育（D）	得分
1	崩塌、滑坡及水土流失（自然和人为活动的）严重程度	崩塌、滑坡等重力侵蚀严重,多层滑坡和大型崩塌,表土疏松,冲沟十分发育	21	崩塌、滑坡发育,多层滑坡和中小型崩塌,有零星植被覆盖冲沟发育	16	有零星崩塌、滑坡和冲沟存在	12	无崩塌、滑坡、冲沟或发育轻微	1
2	泥沙沿程补给长度比	≥60%	16	<60%~30%	12	<30%~10%	8	<10%	1
3	沟口泥石流堆积活动程度	主河河形弯曲或堵塞,主流受挤压偏移	14	主河河形无较大变化,仅主流受迫偏移	11	主河河形无变化,主流在高水位时偏,低水位时不偏	7	主河无河形变化,主流不偏	1
4	河沟纵坡比	≥21.3%	12	<21.3%~10.5%	9	<10.5%~5.2%	6	<5.2%	1
5	区域构造影响程度	强抬升区,6级以上地震区,断层破碎带	9	抬升区,4~6级地震区,有中小支断层	7	相对稳定区,4级以下地震区,有小断层	5	沉降区,构造影响小或无影响	1
6	流域植被覆盖率	<10%	9	10%~<30%	7	30%~<60%	5	≥60%	1
7	河沟近期一次变幅	≥2米	8	1米~<2米	6	0.2米~<1米	4	<0.2米	1
8	岩性影响	软岩、黄土	6	软硬相间	5	风化强烈和节理发育的硬岩	4	硬岩	1
9	沿沟松散物储量（10^4m/km^2）	≥10	6	<10~5	5	<5~1	4	<1	1

---

[1] 成都理工学院东方岩土工程勘察公司. 九寨沟景区漳扎镇扎如、荷叶、树正、则查洼社区地质灾害风险评估报告[R]. 2018.

续表

序号	影响因素	量级划分							
		强发育（A）	得分	中等发育（B）	得分	弱发育（C）	得分	不发育（D）	得分
10	沟岸山坡坡度	≥32°	6	<32°~25°	5	<25°~15°	4	<15°	1
11	产沙区沟槽横断面	"V"形、"U"形谷、谷中谷	5	宽"U"形谷	4	复式断面	3	平坦型	1
12	产沙区松散物平均厚度	≥10米	5	<10米~5米	4	<5米~1米	3	<1米	1
13	流域面积	0.2平方千米~<5平方千米	5	5平方千米~<10平方千米	4	<0.2平方千米以下10平方千米~<100平方千米	3	≥100平方千米	1
14	流域相对高差	≥500米	4	300米~<500米	3	<~100米	2	<100米	1
15	河沟堵塞程度	严重	4	中等	3	轻微	2	无	1
评判等级标准		综合得分		116~130		87~115		<86	
		发育程度等级		强发育		中等发育		弱发育	

资料来源：《九寨沟景区漳扎镇扎如、荷叶、树正、则查洼社区地质灾害风险评估报告》

（3）危险区范围划定和危险性级别

树正沟泥石流危险区主要分布在沟道格栅坝下游沟道两侧50米及沟口堆积扇，在现状条件下树正沟发生泥石流发育程度为中度发育，危害程度大，危险性大（表5-3）；在暴雨条件下，有可能爆发稀性泥石流以及引发次生洪水灾害，格栅坝下游沟道两侧100米及堆积扇后侧可能被淹没，预测其危险性为大，综合判定其危险性为大。

2）大日刻滑坡

（1）基本特征

大日刻滑坡位于树正沟右岸斜坡，其坡脚中心地理坐标为：N33°11′57.58″，E103°53′34.18″。地貌形态上呈构造侵蚀高山地貌，斜坡总体坡向319°，坡脚高程2350米，后缘高程2510米，最大相对高差

树正沟泥石流危险性评估表　　　　　　　　　　　　　　表5-3

Ⅰ类因子	发育程度		危害程度	
Ⅱ类因子	稳定性/易发性	规模（10⁴立方米）	威胁人数（人）	直接经济损失（万元）
灾害点特征	松散固体物质增多，在降雨的作用下，泥石流暴发的可能性增加，震后该沟已经发展成为高频泥石流沟	11	树正沟泥石流对于树正社区的成灾方式主要是泥石流经过沟沟口位置持续往下运动并冲进树正社区，对居民及财产造成一定威胁。威胁范围500米	
Ⅱ类因子评级	易发性量化评分为97	中型	186	1000
Ⅰ类因子评级	中等发育		大	
危险性分级	危险性大			

资料来源：《九寨沟景区漳扎镇扎如、荷叶、树正、则查洼社区地质灾害风险评估报告》

约160米。滑坡平面形态近似呈"马蹄"形，剖面形状呈上陡下缓，剖面下部为阶梯形，滑坡体上部地形坡度35°~45°，下部总体地形坡度18°~25°，滑坡前部发育两级小型平台，平台宽度一般5~10米。滑坡前缘滑坡舌特征不甚明显。滑坡横向延伸宽度约450米，纵向长度约80米，平面面积约$3.6×10^4$平方米。根据现场调查，大日刻滑坡震前变形不明显。震后滑坡变形迹象明显加剧，主要为后缘出现的三条裂缝，规模一般较小，裂缝长10~30米不等，宽度5~15厘米，错台宽10~30厘米不等。滑坡后缘滑壁特征明显，高30~50厘米，坡度65°~75°。坡脚住户区域可见有局部崩落的岩石，滑坡中部由于修建村道公路开挖坡脚，局部存在垮塌现象，现状下滑坡发育程度中等。[1]

（2）稳定性分析

据该滑坡的地形地貌特征判断，该滑坡为震后新滑坡，震前该滑坡无变形迹象。现阶段变形也主要由地震直接引发，变形多局限于裂缝和局部滑塌，变形范围较小，变形程度也不十分严重，滑坡目前处于基本稳定状态-欠稳定状态。考虑到滑坡体物质松散，滑坡后缘有断续裂缝

1　成都理工学院东方岩土工程勘察公司. 九寨沟景区漳扎镇扎如、荷叶、树正、则查洼社区地质灾害风险评估报告[R]. 2018.

发育，在连续高强降水下，地表水沿裂缝下渗，滑体趋于饱和，滑面饱水软化，滑坡稳定可能下降，变形程度及范围可能进一步增大，加之滑坡前缘人类工程活动较频繁，滑坡前缘为树正社区，人类建设工程势必对滑坡前缘斜坡造成较大扰动和破坏，降低滑坡前缘阻滑段稳定性，综合分析预测滑坡在暴雨情况下发展趋势为不稳定。

（3）危险区范围划定和危险性级别

滑坡危险区划定主要包括滑坡自身分布区，滑坡失稳破坏后覆盖、冲击、影响区（图5-4、图5-5）。据此划定大日刻滑坡危险区范围为：影响区后缘及两侧边缘均以目前滑坡边界向外不同程度扩展15～30米，影响区前缘边界至滑坡前部50米，危险区总面积约5.1×10^4平方米。由于该滑坡位于树正沟沟口右侧斜坡，其危险区与树正沟泥石流危险区有一定重叠。

根据大日刻滑坡危险区的划分，滑坡将威胁滑坡前缘现有树正居民21户101人，危害程度大，因此判定滑坡现状条件下危险属大，预测在暴雨诱发下危险性为大，综合评估确定大日刻滑坡属危险性大级别。

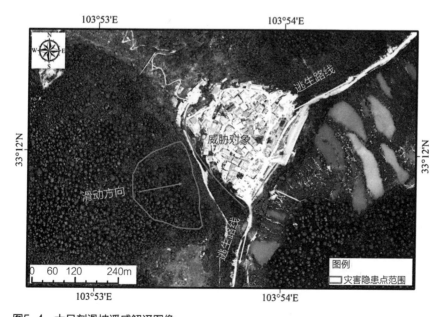

图5-4 大日刻滑坡遥感解译图像
图片来源：《九寨沟景区漳扎镇扎如、荷叶、树正、则查洼社区地质灾害风险评估报告》

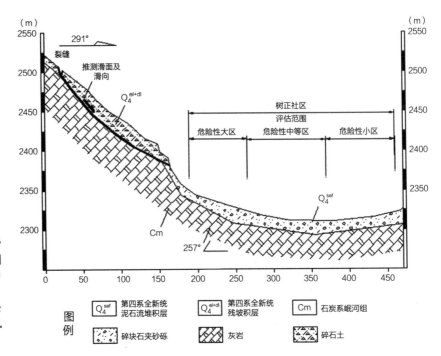

图5-5 大日刻滑坡危险性评估剖面图
图片来源:《九寨沟景区漳扎镇扎如、荷叶、树正、则查洼社区地质灾害风险评估报告》

3）风险评价小结

根据《地质灾害危险性评估规范》，对威胁树正社区的树正沟泥石流、树正群海下行车站对面崩塌、大日刻滑坡三处地质灾害风险分析评估图如图5-6。[1]

根据风险评估分区平面图所示，树正社区内隐患点有树正沟泥石流、树正群海下行站台对面崩塌以及大日刻滑坡。其中树正沟泥石流和大日刻滑坡的规模为中型规模，树正群海下行站台对面崩塌为小型规模；这三个隐患点都处在能威胁村寨安全所在的位置；树正沟泥石流和大日刻滑坡的风险度等级属于中度风险，树正群海下行站台对面崩塌属于高风险。

---

1 成都理工学院东方岩土工程勘察公司. 九寨沟景区漳扎镇扎如、荷叶、树正、则查洼社区地质灾害风险评估报告[R]. 2018.

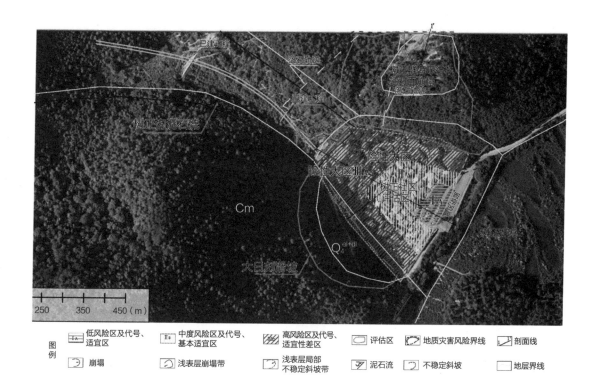

图5-6 树正社区地质灾害风险评估分区平面图
图片来源：《九寨沟景区漳扎镇扎如、荷叶、树正、则查洼社区地质灾害风险评估报告》

（1）高风险区（A区）

评估区东北侧树正群海下行车站对面崩塌地质灾害的危险级别为大，根据已有的崩塌滚落轨迹，将斜坡及其边缘一定范围内划为危险性大区（A1）；评估区西北侧树正沟泥石流地质灾害的危险性级别为大，根据泥石流沟道、物源及沟口堆积特征、最高泥位线将泥石流沟口一定范围内划为危险性大区（A2）；评估区西北侧大日刻滑坡地质灾害的危险性级别为大，根据斜坡的变形特征、方量等特征，将斜坡及其前缘一定范围内划为危险性大区（A4）。[1]

（2）中度风险区（B区）

树正群海下行车站对面崩塌，根据斜坡体上已松动危岩体的结构、

---

1 成都理工学院东方岩土工程勘察公司. 九寨沟景区漳扎镇扎如、荷叶、树正、则查洼社区地质灾害风险评估报告[R]. 2018.

块度、变形特征等因素，将斜坡危险性大区外围边界至崩塌可能崩落的最远范围（在地震及20年一遇暴雨工况下）划为危险性中等区（B1）；树正沟泥石流，根据泥石流物源、纵坡、堆积等特征，将泥石流沟口危险性大区外围边界至泥石流可能冲出的最远范围（在地震及20年一遇暴雨工况下）划为危险性中等区（B2）；大日刻滑坡，根据滑坡的变形特征及坡形，将危险性大区外围边界至可能滑动的最远位置（在地震及20年一遇暴雨等工况下）划为危险性中等区（B4）。由于三个灾害点危险性中等区有重叠部分，综合以上四个危险性中等区，最终确定中度风险区（B）。[1]

（3）低风险区（C区）

除高风险区和中度风险区外的其余地区受地质灾害的影响较小，划为低风险区（C1）。

---

1 成都理工学院东方岩土工程勘察公司. 九寨沟景区漳扎镇扎如、荷叶、树正、则查洼社区地质灾害风险评估报告[R]. 2018.

6
村寨预防性保护框架

6.1 村寨预防性保护的概念阐释

预防性保护（Preventive conservation）的概念在1930年罗马召开的第一届艺术品检查和保护科学方法研究会议上被首次提出。最初，该理念源于艺术品修复，早期应用于馆藏文物的保护，至20世纪80年代，开始有学者将预防性保护作为一个独立学科开展系统研究。20世纪90年代，预防性保护的工作开始由馆藏文物拓展到建筑遗产[1]。国际上许多遗产保护研究机构建立了相关专项课题研究，其中，以比利时鲁汶大学雷蒙德·勒麦尔国际保护中心（Raymond Lemaire International Center for Conservation，RLICC）为代表，于2007~2008年连续举办了两届"建筑遗产的预防性保护与监测"论坛。该中心的研究人员从建筑遗产保护视角，给出了预防性保护的定义，认为"预防性保护包括所有减免从原材料到整体性破损的措施，可以通过彻底完整的记录、检测、监测，以及最小干涉的预防性维护得以实现。预防性保护必须是持续的、谨慎重复的，还应该包括防止进一步损害的应急措施。它需要居民和遗产使用者的参与，也需要传统工艺和先进技术的介入。预防性保护只有在综合体制、法律和金融的大框架的支持下才能成功实施"[2]。

预防性保护理念的在国内应用，也是从馆藏文物保护开始的。国内学者詹长法较早地介绍了意大利通过"风险图"进行遗产预防性保护的工作方式与理念[3]。2011年，东南大学吴美萍在其博士论文中第一次较系统地介绍了建筑遗产预防性保护的发展脉络、保护框架及实践应用情况，认为建筑遗产的损毁破坏是可以通过控制引起损毁破坏的主要因素得以降低或消除的，而对遗产价值和结构破损规律的全面科学的认识能

---

1 吴美萍. 国际遗产保护新理论——建筑遗产的预防性保护探析[J]. 中国文物科学研究，2011（2）：90-95.
2 吴美萍，朱光亚. 建筑遗产的预防性保护研究初探[J]. 建筑学报，2010（6）：37-39.
3 詹长法. 70年来意大利文物保护修复领域发展简述——以中央高级文物保护修复研究院为例[J]. 遗产与保护研究，2019，4（4）：1-4.

帮助识别和确定各类引起遗产损毁破坏的风险因素[1]。开展遗产的预防性保护，逐步成为我国建筑遗产保护工作中的重要方向之一。

村寨预防性保护是在预防性保护理论基础上，通过对村寨环境以及村寨建筑本体变化的系统监测，分析导致灾害发生的各类因素及建筑结构材料的损毁规律，并以此为依据提出适宜的村寨保护规划与防灾方法。其技术路线核心主要是三个方面：风险识别、风险评估以及风险处置（图6-1、图6-2）。其中，风险识别是指风险管理人员运用专业的知识和方法，系统判断可能对村寨建筑本体造成威胁的因素，找到灾害风险源是风险识别的核心工作；风险评估是指在风险识别的基础上，通过

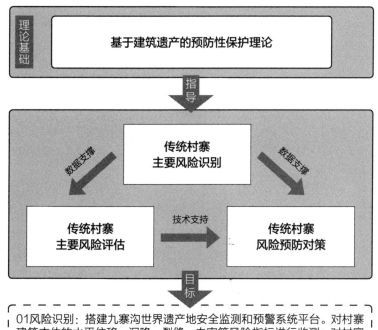

图6-1 村寨预防性保护构思
资料来源：作者自绘

---

1 吴美萍. 国际遗产保护新理论——建筑遗产的预防性保护探析[J]. 中国文物科学研究，2011（2）：90-95.

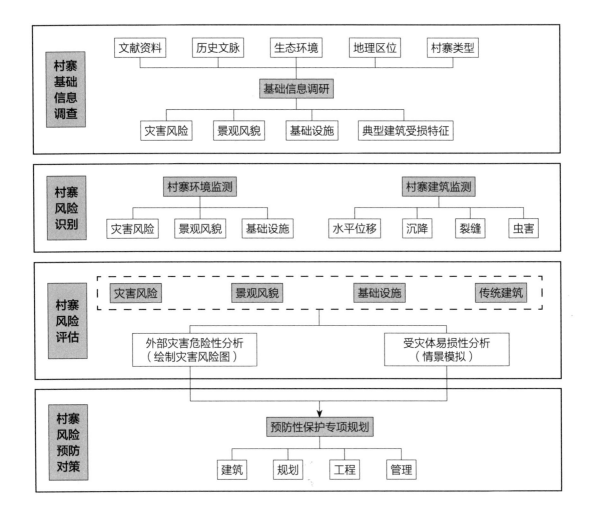

图6-2 村寨预防性保护技术路线
图片来源：作者自绘

判断村寨环境和本体受损的可能性及受损的严重程度来分析和量化风险。由于风险本身具有不确定性，因此风险评估也是动态的过程，需要建立在科学、系统地动态监测基础上；风险处置是根据风险评估的方案制定有效的预防对策，消灭或减少自然灾害发生的可能性或降低风险发生时造成的损失[1]。

与当前国内村寨防灾减灾体系相比，村寨预防性保护更加注重基于信息收集、精密勘查、价值评估和风险评估等方法来确定村寨面临的风

---

1 基于预防性保护理论的藏族传统村寨地震防灾方法研究. 国家自然科学基金国际（地区）合作与交流项目申请书[R]. 2020.

险因素，通过定期检测和系统监测等方法分析掌握村寨环境与本体的损毁变化规律，通过灾害预防、日常维护、科学管理等措施及时降低或消除各种风险，使村寨环境与建筑一直处于良好的状态，以避免盲目的保护工程，最终实现村寨的全面保护[1]。

6.2 村寨预防性保护对象

村寨预防性保护的对象是村寨本体及周边环境。村寨本体包括村寨建筑、道路、场地等，村寨周边环境应包括山、水、林、田等要素。村寨本体是村寨价值的集中体现，是遗产地本土文化、社会和历史信息的直接展示，是当地居民与自然、人文历史互动的产物。村寨周边环境与村寨相应而生，是村寨价值完整性保护的重要内容。群山环绕，湖水湛蓝，植被葱郁，落叶阔叶林、寒温性针叶林以山层叠而上，四季景色特征鲜明[2]，具有极高的美学价值。

6.3 村寨预防性保护实施框架

村寨预防性保护主要从以下四个过程展开：

①数据采集。对村寨的相关灾害风险源要素进行动态监测，借助相关设备仪器采集各要素的数据，如降水量、坡度、泥石流沟密度等，获取数据信息以建立动态监测数据库。

---

1 吴美萍. 国际遗产保护新理论——建筑遗产的预防性保护探析[J]. 中国文物科学研究，2011（2）：90-95.
2 西南交大世界遗产国际研究中心. 九寨沟风景名胜区村寨更新过程中的风貌保护策略研究[R]. 2020.

②数据分析与处理。对村寨历史上灾害风险发生时的数据信息与村寨采集到的实时监测数据信息进行叠加分析，以便将灾害发生时的数据作为评判标准，对实时数据进行评价分析。

③阶段性成果呈现。针对坡度、降水量等指标信息，综合分析处理得到滑坡危险区域分布图；针对降水量、泥石流沟密度、振动等指标信息，综合分析处理得到泥石流危险区域风险分布图等。

④最终成果体现。通过建筑、规划、管理、社区四个层面形成世界遗产地藏族村寨预防性保护专项规划[1]。（图6-3）

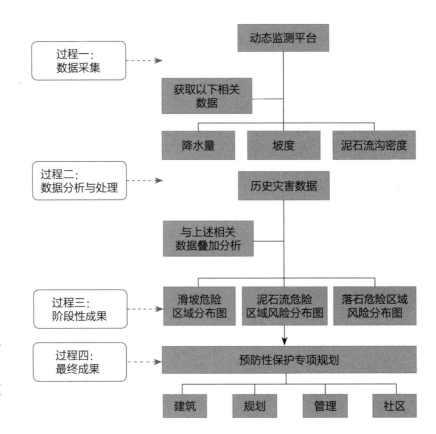

图6-3 村寨预防性保护实施框架
图片来源：《世界遗产地九寨沟内藏族村寨预防性保护研究》

---

1 刘弘涛，朱珊珊. 世界遗产地九寨沟内藏族村寨预防性保护研究. 第三届建筑遗产保护技术国际学术研讨会论文集[C], 2019: 36-46.

6.4 村寨预防性保护方法

村寨预防性保护方法主要分为监测预防、规划预防、工程预防三类（图6-4）。其中：

1）监测预防是指通过定期检测和系统监测的方法分析掌握村寨建筑与环境的损毁变化规律和影响因素，并以此为依据确定科学的保护方法技术，主要分为村寨建筑本体监测和村寨环境监测两部分。

2）规划预防指为应对村寨自然灾害与人为灾害、原生灾害与次生灾害而进行的全面规划，针对灾害发生前、发生时、发生后的各项避灾、防灾、减灾、救灾情况所采取的配套措施，其主要分为消防规划、防洪规划、防震减灾规划三个方面。

3）工程预防是指针对村寨多灾种预防的专项防灾工程设施规划，主要有防灾指挥与信息设施、医疗救护设施、应急物资储备设施、其他防灾设施等类型。

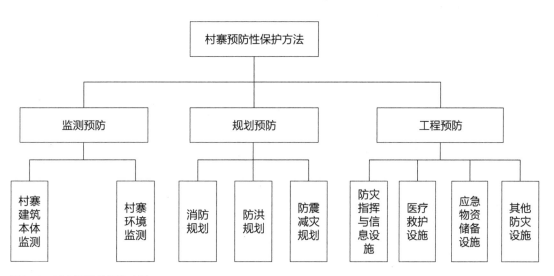

图6-4 村寨预防性保护方法
资料来源：作者自绘

7

村寨灾害风险监测预防

7.1 村寨风险监测体系

村寨风险监测体系主要由村寨建筑本体监测和村寨环境监测两部分构成（图7-1）。村寨建筑本体监测指标包括水平位移、沉降、裂缝、虫害等。村寨环境监测指标包括灾害风险（火灾、滑坡、泥石流）、景观风貌、基础设施安全等。

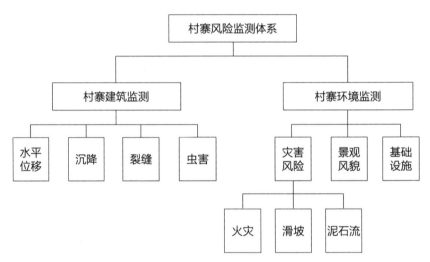

图7-1 村寨风险监测体系
资料来源：作者自绘

7.2 村寨风险监测方法

1）建筑本体监测方法

以区域内典型村寨为研究对象，通过多次建筑本体勘察和本体病害现状的分析，最终确定需要进行监测的建筑，并布设相应的监测设备进行实时监测，根据实际需求设定自动采集周期。此外，对于建筑本体监测方法，应鼓励设备监测和人工目测相结合，持续监测和定期检测相结合，专业监测人员和日常维护人员相结合的工作方式。[1]依据勘察结果，村寨建筑本体存在沉降、墙体变形、裂缝、虫害等常见损害，监测方法如下。

（1）沉降监测

山地村寨建筑都建在半坡上，容易产生不均匀沉降。不均匀沉降会导致建筑物发生倾斜、开裂，影响结构整体安全，是建筑中比较危险的一种病害。沉降监测采用振弦式静力水准仪（图7-2），振弦传感仪器具有高精度、防渗水、耐腐蚀、数据长期稳定可靠等优点，适用于遥测和自动数据采集。根据实际需求设定自动采集周期为1次/天。

（2）水平位移监测

木构件在长期荷载作用下，由于材料性能老化、外力破坏或承载力设计冗余不足等原因易造成构件弯曲变形，不但影响建筑外观，甚至会导致倒塌破坏。[2]针对木构件弯曲变形的建筑，采用位移计监测水平位移值（图7-3），设备采用高强度不锈钢传递杆，仪器结构简单、安装

图7-2 振弦式静力水准仪和数据采集箱
图片来源：张美珍. 鼓浪屿世界文化遗产核心要素建筑病害监测研究[J]. 福建建设科技，2018（5）：76-78.

---

1 吴美萍. 预防性保护理念下建筑遗产监测问题的探讨[J]. 华中建筑，2011，29（3）：169-171.
2 李云雷，陈良金. 中国木结构古建筑加固方法研究[J]. 四川水泥，2020（1）：138.

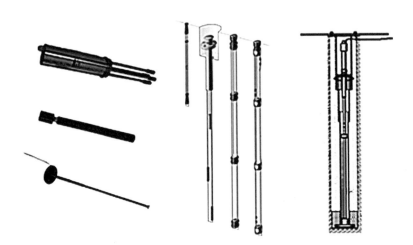

图7-3 单点/多点位移计
图片来源：http://www.smartbow.net/product/40

方便快捷，位移计直接安装在钻孔里，以监测木构件水平位移，位移数据自动采集周期为2次/天。

（3）裂缝监测

由于受到地震、自然环境等因素的影响，传统建筑墙面常存在不同程度的裂缝情况，裂缝病害比较普遍。经过前期的本体勘察，在部分建筑重点裂缝部位安装表面裂缝计（图7-4），监测数据通过无线WiFi的方式传输至九寨沟监测中心的数据接入与管理系统，开展实时裂缝的监测；其他点的裂缝监测通过定点定时的照片拍摄进行比对，来跟踪监测病害的发展情况。裂缝数据通过监测云APP人工录入监测数据，监测周期为1次/周。

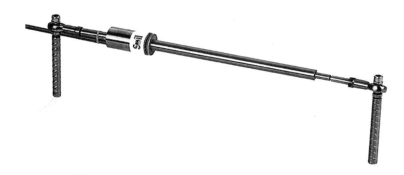

图7-4 表面裂缝计
图片来源：http://www.bsil.com.cn/index.php?c= article&id=2298

（4）虫害监测

白蚁对房屋建筑的破坏，特别是对砖木结构、木结构建筑的破坏尤为严重。由于其隐藏在木结构内部，初始难以发现，当出现在构件表面被人发现，这时构件极可能已经被破坏。目前虫害仪器监测的效果并不理想，主要以预防为主，请虫害防治专业团队进行定期巡检，周期为1次/季度；同时与屋主及时沟通，一旦发现，马上治理。监测方法主要为对病害位置，通过定点拍摄虫害部位照片，填写虫害文字描述信息与病害照片一起录入系统中。监测记录周期1次/月。[1]

2）灾害风险监测方法

（1）火灾监测

传统村寨中的建筑多为木构易于着火，较高密度的建筑布局极有可能造成火烧连营。且由单栋建筑围合起来的空间或多栋建筑共同围合出的空间多作为庭院，用以堆积大量生活杂物、灾后重建的建材与金属废品等，也存在火灾安全隐患[2]。通过科学规划布局，在村寨的火险区设置多个视频监控点，为管理人员提供远程视频监控功能。在监控点区域内移动通信基站的制高点或建筑物屋顶安装热成像双光谱重载云台，通过红外热成像摄像机和红外传感器以360°方位角、正负45°俯仰角对监控点数公里范围进行24小时全方位扫描监控（图7-5）。[3]远程火灾视频监控监测具有火情发现速度快、大火小火都可以监测、不受天气因素影响等优势；与人工监测相比，远程火灾视频监控系统具有检测范围

---

1 张美珍. 鼓浪屿世界文化遗产核心要素建筑病害监测研究[J]. 福建建设科技，2018（5）：76-78.
2 刘弘涛，朱珊珊. 世界遗产地九寨沟内藏族村寨预防性保护研究. 第三届建筑遗产保护技术国际学术研讨会论文集[C]，2019：36-46.
3 李健生，颜伟，刘福盛. 森林防火的智慧模式——基于视频监控的贵阳森林防火智慧监管实践[J]. 信息化建设，2019（7）：42-43.

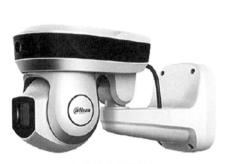 

红外热成像摄像机　　　　　　红外传感器

图7-5　火灾监测设备图

广泛等优势[1]。

　　此外，热成像重载云台的测距功能实现对着火点的智能识别，精准的自动定位，通过红外热成像防火系统的数据分析，一旦判定有火情时，红外热成像防火系统的指挥中心将会马上发出报警信号并将着火点的定位发送到监控室，及时通知相关值班人员及时清除火灾隐患[2]。（图7-6）

图7-6　热成像防火报警视频
图片来源：作者自摄

---

1 李健生，颜伟，刘福盛. 远程视频监控技术在森林防火中的应用研究[J]. 林业调查规划，2019，44（5）：77-83.

2 袁琳，左超. 红外热成像技术在大空间区域防火监控中的应用[J]. 电子技术与软件工程，2019（3）：80-81.

（2）滑坡综合监测

滑坡监测内容包括滑坡变形监测、相关因素监测和宏观前兆监测等滑坡动态综合监测。[1]其中，变形监测包括土体的位移监测、倾斜监测、土体的湿度监测以及地应力监测；相关因素监测包括地表水与地下水的动态监测、气象监测、地震监测以及人类活动带来的影响监测；宏观前兆监测包括指动物表现的异常现象、地下水及地表水的异常状况以及地声、变形等监测等内容[2]。

针对村寨滑坡体表面变形情况，可以选择三维激光扫描监测、无人机遥感监测及位移传感器监测方法对滑坡进行系统地监测（图7-7）。分别定期和实时地获取不同的滑坡监测数据，在三维激光扫描点云数据密集的滑坡体中、下部选择三维激光扫描获取的滑坡体形态数据，在点云数据稀疏的滑坡体上部选择无人机遥测获取的滑坡体形态数据，可以精确地获取不同时期滑坡体的挖方量、滑移量；位移传感器获取的实时位移监测数据可得到滑坡体的实时滑移动态，在其监测数据突变时滑坡

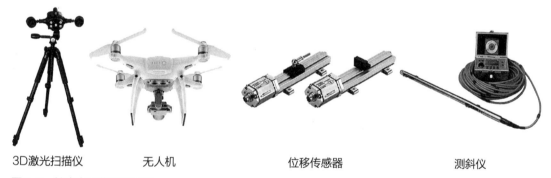

3D激光扫描仪　　　无人机　　　位移传感器　　　测斜仪

图7-7　坡度变化监测设备图
图片来源：（从左至右）
http://cn.sonhoo.com/company_web/sale-detail-38732155.html
https://www.djicd.com/previewimg.jsp?fileID=ABUIABACGAAgnOX32AUo8KLfrgUw0AU44AM
http://www.shfqck.com/product_show.php?id=281&type_id=47
http://rqxb.com/info.asp?id=134

1　台伟, 范北林, 刘士和. 长江上游滑坡泥石流预测预警系统[J]. 武汉大学学报（工学版），2013, 46（6）: 711-715, 719.
2　曹洪菲. 水土保持监测与滑坡和泥石流监测的分析探讨[J]. 科技创新导报, 2018, 15（16）: 92, 94.

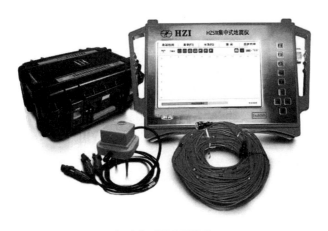 

振动传感器和采集仪　　　　　　遥测自动雨量计

图7-8　坡度变化监测设备图
图片来源：http://www.goepe.com/apollo/prodetail-beilantest-14019123.html
https://www.1688.com/jiage/-BAE7CEFCCABDD3EAC1BFBCC6.html?beginPage=3

存在滑动的风险[1]。针对村寨滑坡体内部位移变形情况，可以采用钻孔测斜仪查明滑坡滑动面分布、数量及累计位移量。钻孔测斜仪安装简单，操作方便，准确性较高，是复杂滑坡勘察的必备手段之一[2]。

由于地震、降雨也是触发村寨山体滑坡的重要因素，因此需要对其进行监测，即在滑坡处布置地震波振动传感器和采集仪、遥测自动雨量计，通过无线方式自动将地震波数据和降雨量数据传输至控制中心并分析，以及时进行滑坡预警预报。（图7-8）

（3）泥石流综合监测

泥石流监测主要可分为形成条件（物源、水源等）监测、运动特征（流动动态要素、动力要素和输移冲淤等）监测、流体特征（物质组成及其物理化学性质等）监测等。

通过对村寨泥石流沟的降水、泥位、孔压、含水、振动等参数的实

---

1 周航，刘乐军，王东亮，等. 滑坡监测系统在北长山岛山后村山体滑坡监测中的应用[J]. 海洋学报，2016，38（1）：124-132.
2 唐文佳，吕雨生，何旭东，贺太红. 钻孔测斜仪在探测滑坡滑面中的应用[J]. 资源信息与工程，2019，34（4）：140-142.

时监测，并可视化监控泥石流产生运动过程，形成以临界雨量分级预警和泥石流发生趋势预测模型分析为主，物源移动及全天候视频远程监控为辅，集自动警报、应急指挥于一体的泥石流灾害综合监测预警技术体系。监测系统中将雨量作为主控性预警指标，泥位作为辅助性预警指标，由于土体孔隙水压力和土体含水率、振动属于较新型的监测手段，还较少运用于监测预警实践，因此仅作为泥石流监测预警的参考。

①降雨量监测：在泥石流沟上游泥石流清水区与形成区布设雨量监测站，雨量站实行全天候24小时实时采集监测区雨量数据，系统每2分钟将采集的数据写入数据库。（图7-9）

②泥位监测：在泥石流沟中上游泥石流流通区布置非接触式雷达泥位计，用以监测泥石流来时泥位的高低，通过泥位的高低来判断泥石流发生的规模大小。当泥位达到预警阈值时，系统自动报警。（图7-10）

③孔隙水压力传感器和含水量监测：在泥石流沟流域中上游泥石流物源区布设孔隙水压力传感器和含水量传感器，自动采集土体孔隙水压力及含水量，并进行多种降雨工况下的泥石流起动试验，获取相应的孔压和含水率阈值。（图7-11）

④振动监测：在泥石流沟流域中游泥石流流通区建立振动监测站，采集振动加速度，并采用野外崩塌试验中的振动值作为预警阈值。（图7-12）

图7-9　降雨量传感器
图片来源：http://www.bjgxhy.com/a/product/p1/

图7-10　雷达泥位计
图片来源：http://www.cdksdjd.com/sense/9/53.html

图7-11　孔隙水压力传感器和含水量传感器
图片来源：http://www.bjxingyi.com/product/87.html

图7-12　振动传感器
图片来源：http://www.anro.com.cn/Content.asp?n_id=39
http://www.qiaokangkeji.com/index.php/xt/430.html

图7-13 激光摄像机和扩音警报器
图片来源：http://www.sheenrun.com/Item/275.aspx

⑤可视化监测：为了更加直观了解石流发生的状况和灾害的危害程度，便于及时指挥调度避险与抢险工作，将激光夜视视频监测和大功率扩音警报器引入至泥石流监测中，对泥石流进行短距离和远距离的激光夜视视频监控[1]。（图7-13）

对于以上三类灾害，专业人员需定期检测和维护设备，整个监测遵循"定人、定时、定仪器、定监测站、定监测点"五定准则[2]。

7.3 村寨风险监测实践

1）村寨灾害风险监测指标

根据前文所述树正寨周边主要存在泥石流、滑坡及火灾风险，由此，围绕泥石流、滑坡灾害类型特点及村寨与灾害分布的关系，构建了树正寨及灾害风险监测指标体系（图7-14）。

基于泥石流、滑坡灾害共同相关的指标因素，确定降雨量、土壤含

---

1 吴林强，丁长青，伍中华，顾功开. 乌东德水电站花山沟泥石流综合监测预警技术应用研究[J]. 水电与新能源，2019，33（5）：56-59.
2 吴美萍. 预防性保护理念下建筑遗产监测问题的探讨[J]. 华中建筑，2011，29（3）：169-171.

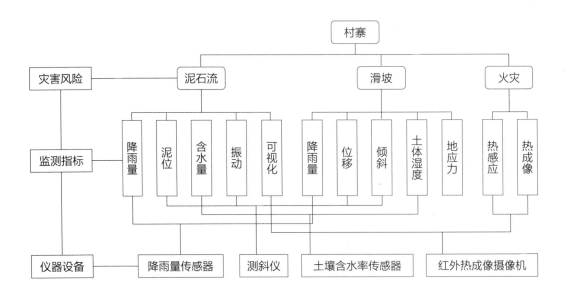

图7-14 九寨沟遗产地已有监测设备
图片来源：作者自绘

水率、倾斜振动为关键监测指标，火灾主要采用热感摄影及时捕捉火灾信息。

2）监测设备布局

针对泥石流、滑坡灾害布设含水率、测斜仪监测设备。同时在村寨内周边布设了降雨量传感器，具体设备样式及简介如图7-15、表7-1所示，设备点位如图7-16所示。

随着树正寨中间主街巷随着商业活动的增加，宽度较两侧生活性步行街巷空间宽，基本满足消防通行需求。但两侧步行街巷尺度相对较

	灾害监测仪器一览表			表7-1
名称	森林防火摄像机	地震波震动传感器和采集仪	降雨量传感器	测斜仪
用途	村寨火灾报警3公里范围	地震波	降雨量	山体滑坡

资料来源：刘弘涛，朱珊珊. 世界遗产地九寨沟内藏族村寨预防性保护研究. 第三届建筑遗产保护技术国际学术研讨会论文集[C]，2019：36-46.

7 村寨灾害风险监测预防 | 115

图7-15 九寨沟遗产地已有监测设备
资料来源：作者自摄

图7-16 监测设备分布及布设位置
图片来源：《世界遗产地九寨沟内藏族村寨预防性保护研究》

窄，宽度基本在2米左右，最窄处约1.5米，难以满足消防需求。因此选择在村寨两侧步行街巷安置森林防火摄像机和环境传感器，分别用以及时观测3公里范围内的村寨火灾报警，监测火灾发生的情况与村寨内的温度热力分布，从而及时地对村寨内的高温区域实施预警防控措施。

同时，在村寨内的地形低洼处、流经水系的上游处，安置降雨量传感器从而加强监测局部气候及雨量强度，利用无线通信方式及时通报山洪信息，以便下游可以安全、及时地避险。结合泥石流发育特点，分别在树正寨泥石流沟二道坝和大日刻滑坡处设置测斜仪，用于以观测山体滑坡以及土体内部的水平位移变化。掌握滑坡发展变化的规律，及时制定出有针对性的整治措施，从而有效地避免由此带来的重大损失。

图7-17 手机端后台系统页面图
资料来源：《九寨沟世界自然遗产地村寨预防性保护监测平台》

3）监测数据

监测平台系统将全天候远程收集包括滑坡、泥石流、火灾等数据图表、实时生成数据图表以及分析报告[1]，成果如图7-17、图7-18所示。

---

1 刘弘涛，朱珊珊. 世界遗产地九寨沟内藏族村寨预防性保护研究. 第三届建筑遗产保护技术国际学术研讨会论文集[C]，2019：36-46.

7 村寨灾害风险监测预防 | 117

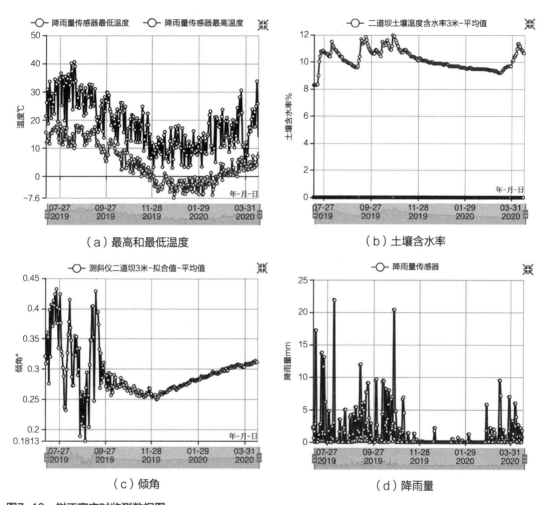

图7-18 树正寨实时监测数据图
图片来源:《九寨沟世界自然遗产地村寨预防性保护监测平台》

上图反映了2019年7月27日~2020年3月31日的树正寨累计监测数据,包括:降雨量传感器的最高/低温、泥石流沟二道坝-3米的土壤含水率、泥石流沟二道坝-3米的测斜仪倾角、降雨量等。可以看出,在设备安装完成后,降雨量传感器长期处在-7.5℃~40℃的工作环境中;树正沟二道坝-3米的土壤含水率在8%~12%之间波动,土壤最大含水率多出现在8月~10月;树正沟二道坝-3米的测斜仪倾角在0.1813°~0.45°之间波动,7月~9月数据波动幅度较大,而后趋于平缓;日降雨量在0~22毫米之间波动,8月~10月出现了2次降雨量超过20毫米的情况。可视化的监测结果使得后台管理机构能准确高效地对数据进行分析和传输，并及时通过客户端、手机软件等方式发布预警，以此协助相关部门完成应急救援[1]。

7.4 村寨监测预防中的问题

目前，村寨灾害风险监测实践处于起步阶段，在探索过程中仍存在以下问题，需要进一步研究思考。

①建筑本体监测未系统性展开。目前，村寨建筑正在恢复重建过程中，内部空间处于变化中，仅通过热成像及定期自动拍摄完成对存在建筑变化、火灾的监测，尚未针对建筑本体灾害进行监测，特别是建筑本体结构病害。在下一步工作中，应当进行建筑本体勘察和本体病害现状的分析（沉降、墙体变形、裂缝、虫害），确定需要进行监测的建筑本体，并布设相应的监测设备进行实时监测，根据实际需求设定自动采集周期。

②监测指标体系不够完善。现阶段已初步构建出风险监测体系框架，并积累了一些基础数据，但仍缺少景观风貌、基础设施安全等环境监测数据，未形成全面的指标监测体系。此外，由于受到九寨沟地形地貌、地质条件、极端天气等因素的影响，使得在灾害风险监测中，不仅要提高前端传感器的测量精度，还要考虑现场安装环境和后台对实际数据处理的算法选取与优化，需要积累经验和不断改进。

③监测平台系统性、整体性不足。目前开发的"九寨沟世界遗产地安全监测和预警系统（树正寨）"APP，其后台系统收集到的灾害数据、关联分析、分析报告等还缺乏有效的数据链接、共享和呈现功能。此外，系统的预警信息模块，因预警指标模糊、触发功能不全等原因，预警需求处理并不满意，仍需进一步完善。

---

1 刘弘涛，朱珊珊，邹文江. 世界遗产地九寨沟藏族村寨灾害监测预警研究[C]. 历史城市防灾论文集，2020（14）.

8

村寨灾害风险规划预防

目前我国的乡村综合防灾工作主要渗透在灾前的预防、灾时抗御、灾后重建等各阶段中，是乡村各项防灾规划、防灾设施建设及防灾管理工作的统称。而乡村防灾旨在防止乡村灾害的发生或减少灾害对乡村造成不良影响，它包括对灾害的监测、预报、防护、抗御、救援和灾后恢复重建等。[1]

与城市不同的是，乡村灾害的类型与防灾的重点主要是自然灾害的威胁，人为灾害中火灾的影响较为严重，同时需要考虑森林防火问题。由于农业生产的关系，乡村地区对旱灾、鼠虫害以及环境污染等较为敏感。除此之外，乡村灾害发生的机制更为复杂。除了地形地貌、地层岩性及地质构造等，一些乡村建设活动也较易引发新的灾害类型，如大规模的开山采石和开发活动，可能引发塌方、滑坡等地质灾害。同时，乡村防灾能力较为薄弱，乡村地区建筑抗灾能力弱、基础设施匮乏，相关的防灾工程建设标准低，甚至有相当一部分的乡村建设处在灾害风险区以内，一旦遭受灾害，损失也较为严重。乡村地区经济基础较差，防灾救灾设施及物资较为匮乏，防灾救灾能力有限，灾后恢复的时间也较长（图8-1）。

图8-1 灾后九寨沟遗产地火花海
图片来源：作者自摄

---

1 戴慎志. 乡村灾害及综合防灾规划[EB/OL]. https://www.docin.com/p-1373898870.html, 2015: 7.

8.1 村寨防灾减灾规划

在开展村寨防灾减灾规划工作之前，首先要明确村寨所面对的灾种类型，这就不仅要关注现状趋势，也要从过去的资料中发现问题。通过研究历史资料、文献或访问其他类似乡村，结合国家或地方政府的相关信息，借助区域灾害地图，如地震、洪水、台风图，判断并分析村寨所在地区处于何种风险范围内。同时现场调查搜集村寨过去发生灾害的相关实证，分析现有的危害与存在的安全漏洞。通过以上工作形成灾害和突发事件列表清单，统计潜在的灾害事件及可能引起的次生灾害。

乡村综合防灾规划主要包括两个部分：一是为应对自然灾害与人为灾害、原生灾害与次生灾害，要全面规划，制定综合对策；二是要针对灾害发生前、发生时、发生后的各项避灾、防灾、减灾、救灾情况，采取配套措施。当前，针对村寨具体的防灾减灾规划主要是消防规划、防洪规划、防震减灾规划三种类型（图8-2）[1]。

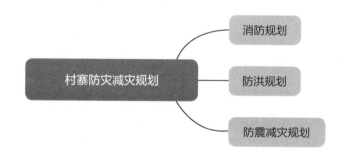

图8-2 村寨防灾减灾规划内容框架图
图片来源：《乡村灾害及综合防灾规划》

1）消防规划

在城市消防规划中明确城市消防安全布局，应按城市消防安全和综合防灾的要求，对易燃易爆危险品场所或设施及影响范围、建筑耐火等

---

[1] 马永俊. 村寨防灾减灾规划[EB/OL]. http://www.docin.com/p-514734228.html.2012：9.

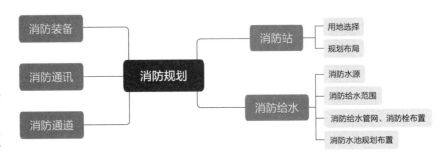

图8-3 村庄消防规划内容框架图
图片来源：《乡村灾害及综合防灾规划》

级低或灭火救援条件差的建筑密集区、历史城区、历史文化街区、城市地下空间、防火隔离带、防灾避难场地等进行综合部署和具体安排，制定消防安全措施和规划管制措施[1]。而村寨的消防规划内容主要消防设施布局、消防通道、消防给水等内容，消防设施主要包括消防站、消防给水、消防通道、消防通讯、消防装备等（图8-3）。

（1）村寨消防站（图8-4）属于陆上消防站，其规划需要考虑到其用地选择、规划布局。消防站的设置应该保证街道出动指令后5分钟内可以到达其辖区边缘。同时普通消防站辖区面积不宜大于7平方公里；设在建设用地边缘地区、新区且道路系统较为畅通的普通消防站，应以消防队接到出动指令后5分钟内可到达其辖区边缘为原则确定其辖区面

图8-4 九寨沟村寨消防用房
图片来源：作者自摄

---

1 中华人民共和国住房和城乡建设部. 城市消防规划规范：GB 51080—2015[S]. 北京：中国建筑工业出版社，2015.

积，其面积不应大于15平方公里。[1]

（2）消防给水的规划则需要明确消防水源、消防给水的范围、消防给水管网和消防栓的规划布置、消防水池的规划布置。村寨消防给水依据参照《污水再生利用工程设计规范》GB 50335、《建筑设计防火规范》GB 50016、《消防给水及消火栓系统技术规范》GB 50974等相关国家标准执行。

（3）消防通道的规划要考虑到各级道路、村寨内部道路、消防车取水通道、建筑物消防车通道等，应符合消防车辆安全、快捷通行的要求。各级道路、居村寨内部道路宜设置成环状，减少尽端路。除此之外，消防车通道之间的中心线间距不宜大于160米；环形消防车通道至少应有两处与其他车道连通，尽端式消防车通道应设置回车道或回车场地；消防车通道的净宽度和净空高度均不应小于4米，与建筑外墙的距离宜大于5米；消防车通道的坡度不宜大于8%，转弯半径应符合消防车的通行要求。举高消防车停靠和作业场地坡度不宜大于3%（图8-5、图8-6）。[1]

（4）最后就是消防通讯规划，消防通信指挥系统应覆盖全区域，联

图8-5 九寨沟树正寨内部道路
图片来源：作者自摄

---

[1] 中华人民共和国住房和城乡建设部. 城市消防规划规范：GB 51080—2015[S]. 北京：中国建筑工业出版社，2015.

图8-6 九寨沟树正寨内部尽端路
图片来源：作者自摄

通消防通信指挥中心和各消防站，并应具有受理火灾及其他灾害事故报警、灭火救援指挥调度、情报信息支持等主要功能。应符合现行国家标准《消防通信指挥系统设计规范》GB 50313—2013的有关规定[1]。

2）防洪规划

村寨防洪规划主要包括以下内容：（1）对于靠近江河的村镇应考虑修建防洪堤，确定防洪标高、警戒水位、设置排洪闸，排内涝渍水工程等；（2）对于山区的村镇，应结合所在地区河流的流域规划全面考虑，在上游修建蓄洪水库、水土保持工程，在村镇的河岸修筑防洪堤，山边修筑截洪沟等；（3）在平原地区，当河流贯穿村镇或从一侧通过，村镇地势低于洪水水位时，应修建防洪堤；（4）当河流贯穿村镇，河床较深，则易引起洪水对河岸的冲刷，应设挡土墙等护岸工程；（5）村镇位于山区前，地面坡度大，山洪出山沟口多，可以采用排（截）洪沟。村镇地处盆地、低地，暴雨时易发生内涝，应在村镇外围建防洪堤，并修建泵站排涝；（6）位于海边的村镇，容易受海潮及飓风的袭击，应建造海岸堤及防风林带。

---

1 中华人民共和国住房和城乡建设部. 城市消防规划规范：GB 51080—2015[S]. 北京：中国建筑工业出版社，2015.

在以上防洪规划的内容前提下,要求防洪工程应与农田灌溉、水土保持、绿化及村镇给水、排水、航运等结合起来,达到综合利用江、河、湖的目的。村寨的防洪规划应依据洪灾类型选用不同的防洪标准和防洪设施,同时将工程防洪设施与非工程防洪设施相结合,组成完整的防洪体系。易受内涝灾害的村镇,排涝工程应与村镇排水工程统一规划。

3）防震减灾规划

防震减灾规划是指为预防和减轻地震灾害以及由地震引起的次生灾害而制订的专项规划。防震减灾规划要求合理安排村寨用地、增强工程设施的防震减灾能力、控制建筑密度和增辟公共绿地,其主要内容见表8-1。

《中华人民共和国防震减灾法》规定,我国防震减灾的指导方针是"以防为主,防御与救助相结合"。而抗震防灾规划的防御目标是当遭遇相当于设防烈度影响时,城市的要害系统基本安全;重要工矿企业不遭受严重破坏,能基本正常生产或短期恢复;居民生命财产不遭受重大损失、生活条件基本正常;基本不发生次生灾害。

防震减灾规划内容 表8-1

建设用地评估	处于抗震设防区的村镇进行规划时,应选择对抗震有利的地段,避开不利地段;当无法避开时,必须采取有效的抗震措施
工程抗震	重大工程、可能发生严重次生灾害的建设工程必须进行地震安全性评价,并进行抗震设防; 一般建设工程,有条件地区应严格按照强制性国家标准进行抗震设防
生命线工程和重要设施规划	道路、供水、供电等工程采用环网布置方式; 区域人口密集地段设置不少于4个出入口; 抗震防灾指挥机构设置备用电源
次生灾害规划	次生灾害严重的应迁出村庄; 次生灾害不严重的,应采取防止灾害蔓延的措施; 在人口密集活动区,不得有形成次生灾害源工程
疏散场地规划	应根据疏散人口数量规划,与广场、绿地等综合考虑
制定地震应急预案	地震应急包括临震应急和震后应急

资料来源:《村寨防灾减灾规划》马永俊著

8.2 村寨规划预防中的问题

目前国内的村寨防灾规划延续了城市防灾中针对单一灾种进行防灾减灾的预防内容，集中在针对火灾的消防规划、针对洪涝的防洪规划、针对地震的防震减灾规划三方面，但其防灾规划的预防仍停留在规划层面的综合部署上。

依据《城市综合防灾规划标准》（GB/T 51327—2018），综合防灾规划是在灾害评估的基础上进行的。首先对区域进行综合防灾评估，包括重大危险源调查评价、灾害风险评估、用地安全评估、应急保障和服务能力评估四部分[1]。其次对区域的防灾安全进行布局，包括用地安全布局、防灾分区、防灾设施和重要公共设施布局。最后提出应急保障基础设施和服务设施的技术要求。与城市综合防灾规划标准相比，九寨沟村寨防灾已基本形成全面灾害风险的认识，但仍存在以下问题。

1）村寨防灾减灾工作滞后

目前，我国迎来了乡村建设的热潮，但由于缺乏相应的法律、法规，乡村居民防灾意识薄弱，村寨的防灾规划不全面，导致农村地区的抗灾能力表现出脆弱性高、防灾减灾体系不完善性。村庄布局不合理，对村庄的灾害环境缺乏足够了解和调查分析，在规划中，难以根据孕灾环境、灾害风险、防灾不利因素的空间分布等进行科学合理的布局，大多数自然村未开展灾害风险评估、防灾减灾系统研究。缺乏防灾能力建设的管理机制，村庄基本无设防设施，村庄内灾后应急救援设施建设不足。

---

1 中华人民共和国住房和城乡建设部. 城市综合防灾规划标准: GB/T 51327—2018[S]. 北京: 中国建筑工业出版社，2018.

2）村寨避难场所布局不合理

防灾避难场所是指在灾害发生时,有足够的不受灾害影响的,能够进行临时疏散和搭建帐篷等临时生存空间的空旷场地。乡村防灾规划中要求避难所可以利用农村的绿地、运动场、打谷场、休闲农田等兼做疏散场地。而村寨地区,尤其是山地村寨,由于所处的地形条件制约,本身就已经缺乏可建设用地,且地形陡峭,缺乏平地,因此并不能规划出合理有效的防灾避难场所。

3）可用消防用地不充足

村寨的消防规划较多引用城市消防的条例对村寨地区的消防做出要求,如消防通道的宽度不宜小于4米、消防站布局要求灾害发生时要在5分钟内到达、生命线工程基于完整的环状电、水网等。另一方面,消防工程规划中部分规定的实施主体为村寨居民,如发生火灾时要求打谷场能够迅速作为有效的防灾空间使用,设置的打谷场面积不小于2000平方米、打谷场与建筑的间距不小于25米等,村寨打谷场、空地等空间被村民作为日常生产的场所（图8-7）,无法有效保障灾害发生时有足够的空间以及时使用,消防工程设施建设仍较为滞后。

4）生命线工程设施规划不完善

在乡村防灾规划中,对生命线工程要求道路、供水、供电等工程采用环网布置。而大多数村寨地区的规划基于居民的经验与智慧,村寨整体布局缺

图8-7 村寨杂物占据消防用地
图片来源：作者自摄

乏规划，规划较为落后，且村内的水源等多为单点、单线布置，甚至于就近水源取水、基础生活设施不健全、无电缺水等，对所要求的生命线工程呈环网布置更是困难。

5）防灾规划层级划分不清晰

当前实施的村寨防灾规划，在整体空间布局层面对村寨的整体性保护有了明确的各项规划内容，但未针对遗产价值村落中的遗产进行保护规划，简言之，村寨防灾减灾的层级划分较少，始终停留在规划学科层面，而很少提及村宅内建筑、文物保护单位等的防灾要求，相关部分的保护联动也很少。

6）建筑防灾标准不适用

防灾规划中针对建筑的防灾减灾给出了相应的参考标准，但均基于现代建筑材料与技术而言。类似于《建筑抗震设计规范》《建筑抗震鉴定标准》《建筑抗震加固技术规程》等抗震技术标准对土木石等常用的结构类型虽然也提出了抗震设计的基本原则和措施要求，但这些措施较为原则，其系统性、针对性、可操作性和覆盖面不足。由于农村经济相对较薄弱，建房财力有限，其方式仍然比较传统和落后，砖木结构的房屋比较多，传统建筑材料和施工技术仍在大量使用，农村房屋普遍未进行设防或设防不足，防灾能力较低。

综上所述，村寨防灾规划集中于对灾害的预防以保障居民的人身安危，相对地却忽视了对村寨整体安全的保障，尤其对于具有遗产价值的村寨的防灾减灾规划仍不足以提供安全保障，如何保护具有遗产价值的村寨群体空间、建筑单体甚至坐落其中的文保单位，如何将保障原住民的安全工作与保护村寨整体安全结合起来，仍需要形成更具有针对性的防灾规划与预防措施。

9

村寨灾害风险工程预防

9.1 村寨防灾工程设施规划

村寨的防灾工程设施主要有防灾指挥与信息设施、医疗救护设施、应急物资储备设施、其他防灾设施等几种类型。其布局应该选址在灾害风险区以外或灾害影响较小的地区,而且防灾设施本身要满足建筑抗震及防火性标准,同时要具备良好的交通条件,防灾设施要与主要防灾道路相连,保障灾时畅通,与应急避难场所保持灾时便利的交通联系,以便在灾害发生时能够展开紧急救援。除此之外考虑在应急避难场所设立专门的区域,为救灾功能的发挥提供空间。

村寨的防灾工程设施规划与其灾害风险规划是息息相关的。两者之间的共同点在于都基于单一灾种进行灾害的风险和工程规划,在此基础上形成了针对村寨灾害的工程设施布局,主要分为消防设施、地质灾害防治工程设施。

1)消防工程设施

消防工程规划中,针对村寨的建筑防火提出了一系列要求,这些要求大都遵从城市防火规范的要求,如对新建建筑的耐火等级和建筑长度、建筑的防火间距、堆场的防火间距等进行限定(表9-1)。

一般民用建筑防火间距　　　　　　表9-1

耐火等级	耐火等级		
	一、二级	三级	四级
	防火间距(米)		
一、二级	6	7	9
三级	7	8	10
四级	9	10	12

注:两栋建筑相邻较高一面的外墙为防火墙或两相邻外墙均为非燃烧体实体墙,且无外露可燃屋檐时,其防火间距不限。

资料来源:住房和城乡建设部. 村庄整治技术手册:安全与防灾减灾[Z]. 2010:37.

作为消防救援中重要的村寨消防供水,在其工程设施规划中,着重对消防水源、取水平台、消防水池、消防给水管网的工程选址和技术做法做了要求(表9-2)。而对于村寨的消防设施工程规划,主要是对村寨的消防站面积于规模、消防车辆的配置、消防队伍与装备作出规定。

2)地质灾害防灾工程设施

针对地质灾害的防灾工程规划主要分为三部分:防洪工程、泥石流整治措施与滑坡整治措施。

首先防洪工程指的是为控制、防御洪水以减免洪灾损失所修建的工程。防洪工程规划内容包括:(1)收集当地的水文资料。如江河的年平均最高水位、历史最高水位、河道的断面、泄洪能力、历史上洪水灾害情况等。在掌握了当地水文资料的基础上,提出村镇防洪存在的问题与解决的措施;(2)确定防洪标准。防洪标准即指防洪工程能防多大的水。确定防洪标准,直接关系到村镇的安全及工程投资的大小。

村寨消防供水水源　　　　　　　　　　　　表9-2

序号	消防给水水源	选用条件	技术要求
1	给水管网	火场周围有生活、生产或消防给水管网,并能供给消防用水,一般情况下应优先采用	(1)消防给水管道为环状; (2)进水管不宜小于两条,并宜从两个不同方向的给水管引入
2	消防水池	(1)给水管道和进水管或天然水源不能满足消防用水量; (2)给水管道为枝状或只有一条进水管(二类建筑的住宅除外); (3)生活、生产和消防用水量达到最大时,室外低压消防给水管道的水压达不到100; (4)不允许消防水泵从室外给水管网直接吸	(1)有足够的有效容量; (2)便于消防车和消防水泵吸水; (3)寒冷地区应有防冻措施
3	天然水源	(1)天然水源丰富; (2)与火场距离较近	(1)确保枯水期最低水位时消防用水量; (2)取水方便,在最低水位时吸上水; (3)水中不含易燃、可燃液体; (4)悬浮物杂质不应堵塞喷头孔口; (5)寒冷地区应有可靠防冻措施; (6)取水设施有相应保护措施

资料来源:住房和城乡建设部. 村庄整治技术手册:安全与防灾减灾[Z]. 2010:39-40.

图9-1 村寨在建防滑坡工程设施
图片来源：作者自摄

如果标准定得太高，则防洪工程量就大，工程投资就多。反之，如果标准过低，虽可节省投资，但不安全，所以要视具体情况而定。防洪标准主要是确定洪水重现期及频率；（3）确定防洪、防泥石流及滑坡的工程措施（图9-1）。根据洪峰流量确定合理的防洪工程。

其工程措施主要有防洪堤墙、排洪沟与截洪沟、防洪闸、排涝设施、整治河道和一系列非工程措施等（图9-2）。

工程措施指的是修筑防洪堤岸、整修河道、整治湖塘低洼、修建截洪沟；滑坡防治有挖孔桩拦挡、钻孔桩锚固拦挡、挡墙拦挡等，而泥石流的防治主要有工程防治和生物防治两类，工程防治的方式主要有修建谷坊群、截流沟、拦淤坝、固床坝、排洪道等（图9-3）。

防洪工程除了上述的工程防治以外，还有生物防治，生物防治主要措施指通过植树造林来维护加固土地密实度，从而达到防治的目的。甚至于可以借助现代先进的科学设备来检测洪涝、泥石流、滑坡灾害等，如设置测斜仪，用于以观测山体滑坡以及土体内部的水平位移变化，

图9-2 防洪减灾措施分类图
图片来源：《乡村灾害及综合防灾规划》

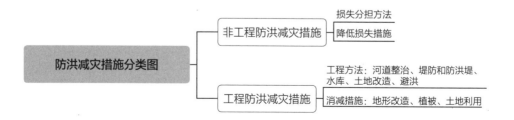

图9-3 九寨沟内的防灾工程设施
图片来源：作者自摄

通过布置钻孔，埋设测斜管，采用测斜仪对滑坡变形的发展变化趋势进行监测，掌握滑坡发展变化的规律，及时制定出有针对性的整治措施，从而有效地避免由此带来的重大损失（图9-4）。

在满足以上要求的前提下，防洪工程按照功能和兴建目的不同也可分为挡、泄（排）和蓄几类，其最终目的都是为了防洪，但根据洪量的大小采取的措施与目的不同，可以理解为在洪灾发生前、发生时、发生后发挥各自的作用。具体内容要求见表9-3。

村寨防洪工程规划相较消防而言有了具体的工程设施要求，如适

图9-4 部分监测设备图
图片来源：作者自摄

防洪工程功能划分表 表9-3

挡	运用工程措施挡住洪水对保护对象的侵袭。如用河堤、湖堤防御河湖的洪水泛滥；用海堤和挡潮闸防御海潮；用围堤保护低洼地区不受洪水侵袭等
泄	主要是增加泄洪能力。常用措施有修筑河堤、整治河道、开辟分洪道等，是平原地区河道较为广泛采用的措施
蓄	主要作用是拦蓄调节洪水，削减洪峰，减轻下游防洪负担

资料来源：《村寨防灾减灾规划》

宜当地的就地取材筑拦河坝等。但其中也存在不适用于村寨的情况：防洪工程规划要求的一些大型防洪设施受地形、技术等要求较高，在村寨地形不便于实施，即使达到施工要求，也需要开挖大量土地，不免会对当地环境造成影响。

村寨的防震减灾工程规划大多遵循城市相关防震减灾规划的要求，根据《村庄整治技术规范》（GB 50445—2008）3.1.4条的规定：现状存在隐患的生命线工程和重要设施、学校和村民集中活动场所等公共建筑应进行整治改造，并应符合现行标准《建筑抗震设计规范》（GB 50011—2001）、《建筑设计防火规范》（GB 50016—2006）、《建筑结构荷载规范》（GB 50009—2001）、《建筑地基基础设计规范》（GB 50007—2002）、《冻土地区建筑地基基础设计规范》（JGJ 118—1998）

图9-5 村寨遭地震受损图
图片来源：作者自摄

等的要求[1]，其具体要求是合理安排村寨用地并对新建和已建建筑进行防震设防、对基础设施防震设防、增强工程设施的防震防灾能力、控制建筑密度和增辟公共绿地等（图9-5）。

村寨各项功能要素的安排与村寨的用地条件相协调，地上的建筑物、构筑物同村寨用地的地质条件结合起来考虑，是防御和减轻地震直接灾害的主要对策[2]。同时对于某些地形突变、容易发生地面变形和发震断层的邻近地带，以及历史上地震重复地震等用地，可安排建筑物较少的其他用途，如公园绿地、体育用地、停车场、材料堆场、防护隔离带等。

---

1 住房和城乡建设部. 村庄整治技术手册：安全与防灾减灾[Z]. 2010：103.
2 村镇防灾规划[EB/OL]. https://www.docin.com/p-2023488816.html.2017：42-43.

9.2 村寨工程预防中的问题

在村寨防灾减灾工程规划方面,我国偏远村寨的安全与防灾工作之间暴露的主要问题是:防灾工程设施受村寨地形条件限制无法完全得到建设、村寨交通条件无法满足消防需求、防灾工程设施规划重灾后轻预防、特殊地形村寨防灾工程建设加大致灾隐患、工程规划破坏村寨环境等。

1)防洪工程实施受限

现今乡村的防灾工程规划中要求,防灾设施规划中其布局应在风险以外或风险较小区域,这对于受选址与地理环境限制的村寨而言无法得到保证。我国的乡村地区,尤其是偏远地区自然村村寨,在起始选址时,由于缺乏现代的科学技术,可能会出现建设土地无法平整、选址于未发觉自然灾害风险源的位置(图9-6),如选址在水源附近便于取水,

图9-6 位于山地地形的九寨沟村寨
图片来源:作者自摄

但洪涝季节可能发生水灾；或者山地中选址在相对平缓地区，发生滑坡时，下落土石容易在平地堆积……甚至于在山地中的村寨，其村寨布局高低错落，鲜有平地，在这种情况下防灾工程规划无法得到实施。

2）消防交通建设占据民居用地

村寨地区由于远离城市，村内缺乏规划，交通体系比较落后不成体系，多为土石路，且交通道路窄，达不到所需的消防要求（图9-7）。而防灾工程规划要求工程建设处需要具备良好的交通条件，这与村寨

图9-7 村寨交通道路
图片来源：作者自摄

地区的基础条件相违背，就需要拓宽道路，这就不可避免需要拆除部分村寨居民建筑用房，甚至占据居民用地，否则无法保障防灾工程规划的实施。

3）防灾工程建设加大隐患

针对特殊地形村寨（如山地、河网村寨等），由于其所处的地形本身就具有安全隐患，如山地地形面临土石滑坡、泥石流等灾害威胁；河网地形面临洪灾、降水等灾害的威胁。因此在进行防灾工程建设时，建设工程反而会加剧环境的致灾可能，在工程建设中不可避免需要用到的重机械打桩、挖掘等工作，很有可能导致土地的振动加剧土质松散造成滑动等（图9-8）。

4）工程建设破坏村寨环境

防灾工程规划中一些大型设施，如堤坝、掩体、护坡等（图9-9），在建设的过程中需要挖填土石方，产生一些建设废料也无法及时处理。有些村寨位于山地，村寨道路窄，在工程建设中不免要开凿山体以扩张道路，必要时还可能砍伐山地林木，给村寨的原生环境带来破坏。

村寨防灾工程的建设进程相对较为复杂且规模较大，这会造成村寨所在土地的破坏，如山地地区土质变得疏松。而且村寨的防灾工程规划中大多数工程设施对用地条件有要求，但对于村寨而言，有些坐落在山地、盆地、丘陵之间，地形平坦地段已被建设用作其他用途，换言之，村寨的防灾工程建设上忽视了村寨环境的多样性和与城市的差异性，甚至加剧村寨的灾害风险，不具有适宜性。

图9-8 村寨工程设施施工现场
图片来源：作者自摄

图9-9 村寨内部的建设工程及其周边环境
图片来源：作者自摄

10

九寨沟藏族村寨预防性保护中的问题总结与展望

九寨沟世界自然遗产地村寨的预防性保护研究是国内自然遗产地首次震后恢复重建过程中的一次有益尝试。预防性保护理念在村落层面的探索研究，是对理念内涵及应用领域的一次扩展。研究通过村落价值解析、灾害风险监测与评价、规划实施与工程建设等方式方法，完成了理念实践应用的前期基础工作。随之，在梳理已有预防性保护理念、方法的基础上，完成了村寨预防性保护框架体系、方法内容的整体建构，并系统探索了监测、规划、工程预防措施在村寨保护的具体实施内容。研究丰富了预防性保护理念内涵、拓展了应用范围，对国内村落遗产、文物古迹、历史城镇等不同类型的保护对象都具有一定的参考价值。在此次探索性研究、实践过程中，三年灾后恢复重建工作为此次监测、规划、工程等灾害预防措施的快速实施提供的保障，能够在较短时间内发现问题，及时予以总结，最后形成了相对完善的村寨预防性保护框架体系及内容。

10.1 预防性保护实践中的问题

1）村寨预防性保护实践存在的问题

（1）预防性保护策略的适宜性分析不足

村寨预防性保护的核心是对村寨价值的保护。村寨具有丰富、多样的价值，既有物质与非物质之分，也有经济、社会、文化、历史等不同价值种类，价值依附村寨而存在。灾害作用于村落，必然对价值产生影响，保护即是减轻或避免灾害对价值产生的影响，监测、规划、工程等具有预防属性的措施，可以起到保护的作用。但是，这些措施方法对村寨价值会产生怎样影响仍是值得思考的问题，此次实践对村落建筑灾后进行了调查，风险分析评价中对村寨经济价值进行了考量，未形成村寨价值的全面分析，对预防性保护策略实施对村寨价值影响的评价工作还未开展。

（2）预防性保护实践具有灾害倾向

研究工作很好的呼应了预防性保护中灾害风险管理的内容，在灾害风险识别、分析、评价的基础上，提出相应的灾害监测指标、防灾策略、工程方案，实践仍具有以静态灾害风险为导向的特点。面对地震及其次生灾害存在的不确定性，村寨如何能够快速恢复或抵御更强的灾害冲击，村寨预防性保护与韧性建设需求的结合将是村寨保护研究中需要进一步思考的问题。

（3）村寨预防性保护体系需要持续深化

从预防性保护实践历程、方法来看，其表现出灾害风险应对及本体保护的两条路径，在当前趋势下，两种实践方式逐步交汇趋同。显然，村寨保护并不局限于某类方式或方法，某一种特定的保护模式并不一定能够适应村落。由此，村寨预防性保护体系与策略应逐步类型化、特色化，建构适应某一类村寨的模式、方法。类型化保护模式的推广与应用，需要具有相对成熟的监测体系、保护策略及实施路径。

2）问题产生的原因

（1）村寨与文物、建筑遗产保护存在"变"与"不变"的差异

村寨聚落是人类聚居生活的场所，人类活动是村寨景观特色、空间形态形成的关键动力。动态的演变与发展成为村寨聚落的基本特征，其价值在这一动态的过程中显现。因此，村寨的保护是在村寨动态演变的状态下进行的，也必须遵循动态发展的规律。而文物或建筑遗产的保护是对保护对象的完整、真实保存，是"不变"的需求。"变"与"不变"的目标差异，致使村寨保护不能采用《文物古迹保护准则》（国际古迹遗址理事会中国国家委员会，中国文物古迹保护准则（2015版）[EB/OL]. http://www.hnkgs.com/admin/upfiles/20151103165354574.pdf, 2020-12-8.）中的"不改变原状"原则，但遗产保护的真实性、完整性原则对村寨保护是具有约束意义，并成为村寨价值的维护与延续

的基本要求。

（2）村寨预防性保护从理念到实践认识的不足

源于"艺术品"修复的预防性保护思想，在实践应用中经历了从馆藏文物、到建筑遗产逐步拓展的过程，当前阶段建筑遗产领域的预防性保护虽然取得部分共识，如引入灾害风险管理方法、注重灾前预防，进行灾后评估和保护设计、遗产本体定期检查和专项监测、本体及所处环境景观长期持续维护保养等[1]。预防性保护内涵被不断丰富，同时，与灾害风险管理在方法上的界限越来越模糊。在世界遗产的保护管理中，如作为《世界遗产公约》指导文件的《世界遗产灾害风险管理》《文化遗产风险管理指南》等文件，都是围绕"灾害风险管理"展开的。可见，与自然灾害风险管理理念相比，预防性保护理念用于建筑遗产、文物古迹、村寨保护的理论及方法体系并不系统与完善，在村寨实践应用的过程中，两者也存在交互。

10.2 预防性保护方法的关联性

村寨预防性保护的外在环境与建筑遗产类似，通常是不允许改变或优化的。馆藏文物中的常规监测指标，如温度、湿度、光照等指标，是村寨长期适应的环境因素，是否具有监测的必要性值得进一步研究。因此，村寨的监测预防应逐步转向展更具针对性的重点建筑本体及外部灾害环境的监测，从村寨价值维护的要求出发，研究村寨中建筑本体与周边环境协同的监测体系。

村寨预防性保护的规划实施方法，可以从以下两个方面进行：①以

---

[1] 吴美萍. 欧洲视野下建筑遗产预防性保护的理论发展和实践概述[J]. 中国文化遗产, 2020（2）: 59-78.

村寨价值的要素体系为基础，通过村寨空间布局、景观风貌控制、建筑建设等措施，通过村寨保护规划系统整合，实现对村寨价值的维护；②以环境灾害风险分析与评估为基础，通过风险回避、风险适应、风险防止、风险补救等风险控制措施，链接到规划布局中，形成村寨规划防灾系统方法。

村寨预防性保护的工程措施，是直接作用于村寨或周边环境的工程措施，必须以"最低限度干预"为基本原则，进行工程设施对村寨价值的影响评价，通过工程方案设计、施工防护等措施，实现村寨的真实性、完整性的维护。

10.3 预防性保护的应用展望

1) 预防性保护的应用性

村寨预防性保护是实现村寨防灾减灾"两个坚持、三个转变"的有效途径，坚持以防为主、防抗救相结合，坚持常态减灾和非常态救灾相统一，实现从注重灾后救助向注重灾前预防转变，从应对单一灾种向综合减灾转变，从减少灾害损失向减轻灾害风险转变。同时，防灾减灾的发展重心逐步下移，强调社区在灾害风险管理、防灾减灾的作用。村寨作为乡村地域基层单元，在灾害预防、灾中救援、灾后恢复等方面，都将发挥积极作用。村寨预防性保护有意将环境风险预防、本体价值维护两个方面进行交互融合，保障村寨安全，实现对村寨真实性、完整性的保护。

村寨预防性保护的内容及方法体系是在理论方法指导下，通过实践反馈建立起来的，具有广泛的应用性，其方法内容能够直接运用于村寨保护中的监测、防灾规划、工程防灾等具体实践工作，对我国传统村落、不可移动文物、世界遗产地等价值对象的保护中具有直接的借鉴意义，对我国乡村、城市的防灾减灾，也具有启示作用。

2）预防性保护的展望

预防性保护研究将是一项具有持久生命力的工作。其内涵强调对价值对象全面、全过程的保护，并对灾前预防给予充分关注。从"防患于未然"到当代"风险社会"的提出，无不希冀对不利事件能够及早干预，减轻其不利影响。"三年耕，必有一年之食；九年耕，必有三年之食。以三十年之通，虽有凶旱水溢，民无菜色，然后天子食，日举以乐。"古代社会已有储粮以备灾患的措施，当代人们灾害应对意识由"抗灾"已转向"防灾减灾"。《2015—2030年仙台减轻灾害风险框架》提出进行灾害风险管理的优先事项，《2030年可持续发展议程》提出建设"安全、有抵御灾害能力的可持续城市与人类社区"的目标，开展灾前"预防"、降低灾害风险已成为全球人类应对气候变化、保障人居安全、实现可持续发展的共识行动与目标。

预防性保护涉及内容由"预防修复"扩展到"风险管理"，保护对象由"文物"延展到"遗产"，技术手段由"日常检测预防"扩展到"监测信息平台集成应用"。预防性保护已跳脱原来文物保护、灾害预防的圈层，开始在城镇、村落、建筑等更广阔的领域得到应用，逐步将防灾减灾、风险管理、遗产保护等多学科知识进行融合，形成创新知识体系。同时，我们也应看到融合交叉可能产生的路径方法趋同、理念特色消逝的问题，这将需要社会及更多的学者、专家予以更多的关注与奉献，相信预防性保护的研究与实践工作将"永葆初心、砥砺前行"。

参考文献

[1] 詹长法. 预防性保护问题面面观[J]. 国际博物馆（中文版），2009（3）：96-99.

[2] 戎卿文. 国际建筑遗产预防性保护学术网络的生成与进展——欧洲践行者的足迹[J]. 自然与文化遗产研究，2020，5（1）：88-103.

[3] 吴美萍. 欧洲视野下建筑遗产预防性保护的理论发展和实践概述[J]. 中国文化遗产，2020（2）：59-78.

[4] 九寨沟民俗文化村志领导小组. 九寨沟民俗文化村志[M]. 成都：电子科技大学出版社，2004.

[5] 田世政，杨桂华. 社区参与的自然遗产型景区旅游发展模式——以九寨沟为案例的研究及建议[J]. 经济管理，2012，34（2）：107-117.

[6] 张善云，黄天鹗. 九寨沟志[M]. 成都：四川民族出版社，1990.

[7] 黄奋生. 藏族史略[M]. 北京：民族出版社. 1989.

[8] 曾文琼. 略论"达布人"的族属问题[J]. 西南师范大学学报（人文社会科学版），1980（3）：86-91.

[9] 四川省城乡规划设计研究院. 九寨沟世界自然遗产社区发展研究报告[R]. 2018.

[10] 阳泽仁布秋. 九寨沟藏民族文化散论[M]. 成都：四川民族出版社，2001.

[11] 西藏本教/九寨沟文化名片之扎如寺"嘛智"文化节[EB/OL]. http://www.xizangbenjiao.org/cn/html/701.htm. 2020-8-10.

[12] 王应临，庄优波，杨锐. 风景区村民社区规划优化研究——以九寨沟为例[J]. 中国园林，2017，33（8）：24-29.

[13] 联合国教科文组织.《实施世界遗产公约操作指南》[R]. 2019.

[14] 联合国教科文组织. 九寨沟风景名胜区[EB/OL]. https://whc.unesco.org/en/list/637. 2014-9-6.

[15] 国际古迹遗址理事会中国国家委员会. 中国文物古迹保护准则[R]. 2015.

[16] 刘夏蓓. 安多藏区族际关系与区域文化研究[M]. 北京：民族出版社，2003.

[17] 李旻昊. 九寨沟地区传统藏族民居研究[J]. 古建园林技术，2014（4）：62-64，27，50-51.

[18] 四川大学考古系，九寨沟风景名胜区管理局，华盛顿大学人类学系，等. 九寨沟景区历史文化考察研究报告[M]. 成都：巴蜀书社. 2017.

[19] 邓贵平. 九寨沟世界自然遗产地旅游地学景观成因与保护研究[D]. 成都理工大学，2011.

[20] 成都理工学院东方岩土工程勘察公司. 九寨沟景区漳扎镇扎如、荷叶、树正、则查洼社区地质灾害风险评估报告[R]. 2018.

[21] 蹇代君,何运,徐焱. 九寨沟景区地质灾害类型及特征分析[J]. 科协论坛（下半月）,2013（6）:135-136.

[22] 四川省城乡规划设计研究院. 村寨综合防灾管理研究报告[R]. 2018.

[23] 西南交通大学世界遗产国际研究中心. 九寨沟震后建筑受损及重建调研报告[R]. 2019.

[24] Reduction Isfd. Living with risk: a global review of disaster reduction initiatives[M]. London: BioMed Central Ltd, 2004.

[25] 郝蒙浩,赵秋红,姚忠,等. 自然灾害风险评估方法研究综述[C]//中国灾害防御协会风险分析专业委员会第六届年会论文集. 北京:亚特兰蒂斯出版社,2014.

[26] 张丽娟,李文亮,张冬有. 基于信息扩散理论的气象灾害风险评估方法[J]. 地理科学,2009,29（2）:250-25.

[27] 李鹤,张平宇,程叶青. 脆弱性的概念及其评价方法[J]. 地理科学进展,2008（2）:18-25.

[28] 向灵芝,崔鹏,张建强,等. 汶川县地震诱发崩滑灾害影响因素的敏感性分析[J]. 四川大学学报（工程科学版）,2010,42（5）:105-112.

[29] 中国标准化研究院,第一会达风险管理科技有限公司,中国航空综合技术研究所,等. 风险管理 原则与实施指南（GB/T 24353—2009）[S]. 北京:中国标准出版社,2009.

[30] 吴美萍. 国际遗产保护新理论——建筑遗产的预防性保护探析[J]. 中国文物科学研究,2011（2）:90-95.

[31] 吴美萍,朱光亚. 建筑遗产的预防性保护研究初探[J]. 建筑学报,2010（6）:37-39.

[32] 詹长法. 70年来意大利文物保护修复领域发展简述——以中央高级文物保护修复研究院为例[J]. 遗产与保护研究,2019,4（4）:1-4.

[33] 西南交通大学世界遗产国际研究中心. 基于预防性保护理论的藏族传统村寨地震防灾方法研究[R]. 2020.

[34] 西南交大世界遗产国际研究中心. 九寨沟风景名胜区村寨更新过程中的风貌保护策略研究[R]. 2020.

[35] 刘弘涛,朱珊珊. 世界遗产地九寨沟内藏族村寨预防性保护研究[C]//第三届建筑遗产保护技术国际学术研讨会论文集. 南京:东南大学出版社,2019.

[36] 吴美萍. 预防性保护理念下建筑遗产监测问题的探讨[J]. 华中建筑,2011,29（3）:169-171.

[37] 李云雷,陈良金. 中国木结构古建筑加固方法研究[J]. 四川水泥,2020（1）:138.

[38] 张美珍. 鼓浪屿世界文化遗产核心要素建筑病害监测研究[J]. 福建建设科技,2018（5）:76-78.

[39] 李健生,颜伟,刘福盛. 森林防火的智慧模式——基于视频监控的贵阳森林防火

智慧监管实践[J]. 信息化建设，2019（7）：42-43.

[40] 李健生，颜伟，刘福盛. 远程视频监控技术在森林防火中的应用研究[J]. 林业调查规划，2019，44（5）：77-83.

[41] 袁琳，左超. 红外热成像技术在大空间区域防火监控中的应用[J]. 电子技术与软件工程，2019（3）：80-81.

[42] 台伟，范北林，刘士和. 长江上游滑坡泥石流预测预警系统[J]. 武汉大学学报（工学版），2013，46（6）：711-715，719.

[43] 曹洪菲. 水土保持监测与滑坡和泥石流监测的分析探讨[J]. 科技创新导报，2018，15（16）：92，94.

[44] 周航，刘乐军，王东亮，等. 滑坡监测系统在北长山岛山后村山体滑坡监测中的应用[J]. 海洋学报，2016，38（1）：124-132.

[45] 唐文佳，吕雨生，何旭东，等. 钻孔测斜仪在探测滑坡滑面中的应用[J]. 资源信息与工程，2019，34（4）：140-142.

[46] 吴林强，丁长青，伍中华，顾功开. 乌东德水电站花山沟泥石流综合监测预警技术应用研究[J]. 水电与新能源，2019，33（5）：56-59.

[47] 戴慎志. 乡村灾害及综合防灾规划[EB/OL]. https://www.docin.com/p-1373898870.html. 2020-09-01.

[48] 马永俊. 村寨防灾减灾规划[EB/OL]. http://www.docin.com/p-514734228.html. 2020-09-03.

[49] 中华人民共和国住房和城乡建设部. 城市消防规划规范：GB 51080—2015[S]. 北京：中国建筑工业出版社，2015.

[50] 中华人民共和国住房和城乡建设部. 城市综合防灾规划标准：GB/T 51327—2018[S]. 北京：中国建筑工业出版社，2015.

[51] 中华人民共和国住房和城乡建设部. 村庄整治技术手册：安全与防灾减灾[Z]. 北京：中国建筑工业出版社，2010.

[52] 村镇防灾规划[EB/OL]. https://www.docin.com/p-2023488816.html. 2020-09-04.

[53] 吴美萍. 欧洲视野下建筑遗产预防性保护的理论发展和实践概述[J]. 中国文化遗产，2020（2）：59-78.